JN084551

神奈川大学
言語学研究叢書

12

DE LA DÉFINITION D'UNE FONCTION INJECTIVE DE L'ENSEMBLE DES CARACTÈRES CHINOIS DANS ℕ

Antoine Bossard

丸善プラネット

À mon fils François

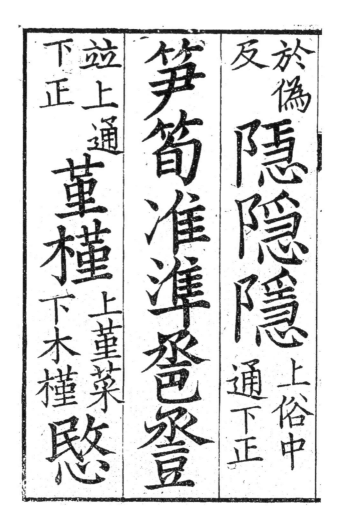

Illustration extraite du dictionnaire Gànlù zìshū (干禄字書, second volume) des VIIe et VIIIe siècles de Genson Gan (顔元孫), ici dans l'édition en deux volumes de 1880 par la maison d'édition japonaise Ryûshindô (柳心堂). (Image créée à partir de la numérisation de la bibliothèque nationale de la Diète (国立国会図書館), identifiant n° info:ndljp/pid/869244, folio n° 8.)

Sommaire

Préface

« *Demonſtrandum neceſſario fuit, haberi aliquod gravitatis centrum, atque id eſſe unicum;* »

(Ruđer Bošković,
Theoria philosophiæ naturalis, § 250.)

Démontrer que toute structure matérielle possède un centre de gravité, et un seul est, analogiquement parlant, le défi qu'Antoine Bossard a relevé en définissant sans ambiguïté une « signature » unique pour chaque caractère chinois. Ce défi n'est pas la moindre des choses, car toute tentative de réduction de ces caractères à une seule identité n'a produit jusqu'à présent que des solutions partielles ou valables pour un sous-ensemble de tous les caractères connus. À l'ère du numérique, une trop grande dépendance envers ces solutions partielles ne contribuerait qu'à un appauvrissement culturel et civilisationnel.

L'analogie avec la notion de centre de gravité nous permet également de comprendre la démarche de l'auteur. Le centre de gravité d'une structure matérielle ou d'une masse est unique, car il est calculé à partir de la nature et l'agencement des sous-structures qui constituent cette masse. De ce point de vue, la probabilité d'avoir deux centres de gravité est nulle. Dans le cas d'un caractère chinois, ces sous-structures correspondent, entre autres, à la séquence des traits, sa prononciation, ses variantes ainsi que sa morphologie. C'est sur la base de ces quatre derniers critères que l'auteur a défini une fonction injective de l'ensemble des caractères chinois dans $\mathbb{N}$.

Si ses parties mathématiques peuvent être difficiles à comprendre pour certains lecteurs, l'ouvrage d'Antoine Bossard offre néanmoins à tous la possibilité d'explorer la configuration des caractères chinois. C'est une aide pédagogique précieuse pour ceux qui désirent maîtriser l'écriture chinoise et japonaise. Le présent ouvrage complète ainsi celui que l'auteur a déjà publié sur le déchiffrement des caractères qui constituent l'univers sémantique des pays de l'Extrême-Orient.

Dubrovnik, août 2023

Francis Brassard

Avant-propos

L<small>A RECHERCHE</small> d'une fonction injective de l'ensemble des caractères chinois dans $\mathbb{N}$ l'ensemble des entiers naturels (il nous est aussi arrivé de considérer $\mathbb{Q}$, les nombres rationnels, comme ensemble d'arrivée) est un sujet de recherche sur lequel nous nous sommes penchés pendant plusieurs années, comme l'attestent nos divers travaux (quelques-uns apparaissent dans la bibliographie donnée en fin de volume). C'est un problème dont l'énoncé est aisément compréhensible – calcul d'un nombre unique pour chaque caractère – mais qui, par la nature complexe des caractères chinois, reste difficile à résoudre : il ne fut pas rare de tomber, lors même d'autres travaux sans rapport direct avec celui-ci, sur un caractère qui remettait tout en question.

Outre la description détaillée de notre approche

dans les chapitres ci-dessous, nous avons également inclus en annexe diverses stratégies envisagées au cours de nos recherches, stratégies qui même si elles sont restées insuffisantes, ont le mérite de mettre en relief certaines propriétés des caractères et les problèmes que ces propriétés engendrent.

De plus, les caractères chinois mentionnés au fil des chapitres que nous avons jugé bon de relever sont reproduits dans la marge pour être plus facilement repérables.

Il paraît juste de considérer ce volume comme un complément de nos précédents travaux en général (par exemple [6, 7, 9, 48]), et de notre livre *Chinese characters, deciphered* [4] en particulier.

Nous espérons une fois de plus que ce travail incitera le lecteur à se plonger dans le vaste et fascinant monde des caractères chinois.

« lettre, caractère »

CHAPITRE 1

Introduction

P AR sa nature, ce chapitre est quelque peu formel et partant certains de ses passages peuvent apparaître difficiles à saisir. Il contient par exemple la présentation des notions mathématiques, et donc résolument abstraites, sur lesquelles s'appuie ce travail. Que cela n'effraie pas le lecteur : se concentrant sur les caractères chinois, les chapitres suivants sont nettement plus concrets.

Les caractères chinois sont brièvement présentés en partie 1.1. Les motivations de ce travail sont données en partie 1.2. Quelques définitions sont ensuite rappelées en partie 1.3 et enfin notre objectif est formellement décrit en partie 1.4.

1.1   Les caractères chinois

Ceux que nous nommons « caractères chinois » désignent les logogrammes [1] (tels 安, 以, 宇, 衣, 於) sur lesquels sont basés par exemple les systèmes d'écriture chinois, japonais, coréen et annamite (c'est-à-dire l'écriture chữ nôm, le vietnamien moderne étant basé sur l'alphabet latin [8]). Toutefois, il convient de préciser certains détails quant aux symboles considérés dans ce travail.

Premièrement, les caractères chinois représentent la majeure partie des symboles de l'écriture japonaise, c'est-à-dire que même s'ils sont largement majoritaires quant à leur nombre (plusieurs dizaines de milliers : Akira Mizubayashi (水林 章) [2] y fait poétiquement

---

1. Terme linguistique relativement moderne employé avec les caractères chinois (entre autres) pour notamment éviter l'utilisation abusive du vocable, plus ancien, « idéogramme » : tous les caractères ne sont en effet pas des idéogrammes (détails donnés au chapitre 8). Probablement en raison de l'absence de l'adjectif correspondant (« logographique »), le dictionnaire de l'Académie (9e édition) mentionne toutefois à « logogramme », certainement d'une manière générale, « l'écriture idéographique ».

2. Nous nous sommes efforcés dans le texte de donner à la fois les noms complets et leur graphie originale dans un souci

référence à travers l'expression « vaste continent de significations [3] »), ils ne sont pas seuls : ils sont par exemple très fréquemment accompagnés des syllabes *hiragana* (telles か *ka,* き *ki,* く *ku,* け *ke,* こ *ko*) et *katakana* (telles カ *ka,* キ *ki,* ク *ku,* ケ *ke,* コ *ko*). Les caractères chinois sont dénommés *kanji* dans la langue japonaise : 漢 *kan* 字 *ji,* littéralement « lettres de l'ethnie Han ». (Notons que l'écriture japonaise s'autorise, outre les syllabes *kana* – c'est-à-dire *hiragana* et *katakana* – et les caractères chinois – c'est-à-dire *kanji* –, l'emploi de lettres latines et de chiffres arabes, même si c'est avec une grande parcimonie dans la littérature. En ce qui concerne la mathématique, même si ses chiffres peuvent être exprimés directement par les caractères chinois correspondants tels que 一 « un », 二 « deux », 三 « trois », 四 « quatre », 五 « cinq », les chiffres arabes y règnent sans partage, ou presque.)

Une illustration est donnée en figure 1.1 : il s'agit du paragraphe inscrit en préambule de la constitution japonaise (1946) ; on y remarquera le mélange caractères chinois–syllabes *hiragana*, ceux-ci présentant d'une manière générale une forme plus arrondie que ceux-là.

Le coréen se trouve dans une situation similaire,

---

de précision : les noms de famille asiatiques, au moins à l'est, sont bien souvent peu informatifs compte tenu du grand nombre

朕は、日本国民の総意に基いて、新日本建設の礎
が、定まるに至つたことを、深くよろこび、枢密顧
問の諮詢及び帝国憲法第七十三条による帝国議会の
議決を経た帝国憲法の改正を裁可し、ここにこれを
公布せしめる。

FIG. 1.1 : Exemple de texte japonais mêlant syllabes
    hiragana et *kanji* (caractères chinois). (Pa-
    ragraphe donné en préambule de la consti-
    tution japonaise (1946).)

mêlant des syllabes *hangul* (telles 쌍 *ssang*, 기 *gi*, 역
yeok, 디 *di*, 귿 *geut*) et des caractères chinois, bien
que les caractères chinois y soient cette fois minori-
taires (et dans la pratique rarement employés) ; ils
sont alors dénommés *hanja*. Une illustration est donnée en figure 1.2 : il s'agit des cinq premières lignes
du premier paragraphe du 訓民正音 *hunminjeongeum*,
texte du XVe siècle fondateur du système d'écriture
coréen moderne. Il ne faudrait cependant pas croire
que l'utilisation des caractères chinois en Corée est
éteinte : outre les noms propres (localités, personnes),
certains caractères sont communément utilisés dans
les journaux, comme 女골프 « golf dames » (un ca-

---

d'homonymes.

3. *Une langue venue d'ailleurs*, Gallimard, 2011.

나·랏:말ㅆ·미

中듕國·귁·에달·아

文문字·ㅉ·와·로서르스못·디아·니홀·씨

·이런젼·ᄎ·로어·린百·ᄇᆡᆨ姓·성·이니르·고·져·홇·배이·셔·도

ᄆᆞ·ᄎᆞᆷ:내제·ᄠ·들시·러펴·디:몯홇·노·미하·니·라

FIG. 1.2 : Exemple de texte coréen mêlant syllabes
hangul et *hanja* (caractères chinois). (Extrait du 訓民正音 *hunminjeongeum*, texte
du XVe siècle fondateur du système d'écriture coréen moderne.)

ractère chinois : 女 « femme », suivi de deux syllabes
hangul) pour prendre un exemple du domaine sportif,
et 北 « nord » pour le domaine politique, au sens de
« le Nord » lorsqu'il s'agit de désigner la république
populaire démocratique de Corée. Deux exemples certainement modernes.

女

北

Deuxièmement, sont abusivement appelés ainsi certains caractères propres de ces systèmes d'écriture : par
exemple, certains caractères du japonais, appelés *kokuji*, sont construits selon les mêmes principes que les
caractères chinois, en en combinant souvent plusieurs,
mais ne sont pas chinois à proprement parler puisque

initialement inexistants dans l'écriture chinoise [6, 44].
Cependant, étant donné qu'ils en reprennent les mêmes
propriétés, ils sont communément qualifiés eux aussi
de chinois, et nous les considérons ici sauf mention
contraire comme membres à part entière de ce large
ensemble que constituent les caractères chinois. En
illustration est donnée à la figure 1.3 une page du
deuxième volume du très connu recueil de poèmes
Manyôshû (萬葉集, du VIIe et VIIIe siècles, ici dans
une copie réalisée par Hamaomi Shimizu (清水 浜臣,
1776–1824)) contenant le caractère propre du japonais
蘰 *kadzura*, en en faisant ainsi un des plus anciens
caractères *kokuji*.

Les écritures coréenne et annamite comprennent
elles aussi de tels caractères « locaux » [41], appelés
gukja en coréen [30]. Quelques exemples de caractères
locaux pour ces trois systèmes d'écriture sont donnés
dans le tableau 1.1. Pour achever cette brève présentation des caractères locaux, on pourra aussi noter que
certains d'entre eux, par exemple au sein de l'écriture
japonaise, ont été par la suite importés par le système
d'écriture chinois, ce qui est ainsi la tendance inverse
des mouvements des caractères chinois : primitivement,
ils se sont exportés de la Chine continentale à travers
l'Asie et au Japon. C'est le cas par exemple de 腺 *sen*,
caractère propre du japonais désormais utilisé aussi en

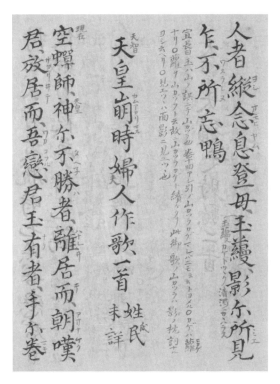

FIG. 1.3 : Une page du recueil de poèmes Manyôshû
contenant le caractère *kokuji* 蘰 *kadzura*
(première colonne à droite). (Image créée à
partir de la numérisation de la bibliothèque nationale de la Diète (国立国会図書館), identifiant
n° info:ndljp/pid/2551519, folio n° 27.)

TAB. 1.1 : Quelques exemples de caractères locaux pour les systèmes d'écriture japonais (*kokuji*), coréen (*gukja*) et annamite.

Japonais (*kokuji*)	Coréen (*gukja*)	Annamite
峠	畓	嫩
凪	欌	㑬
雫	媤	䲴
畑	旾	掀
轌	乭	伩

chinois : *xiàn*, et avec le même sens : « glande ».

Nous renvoyons le lecteur à notre précédent travail intitulé « Chinese characters, deciphered » pour de plus complètes définitions [4].

1.2 Motivation

Le traitement des caractères chinois par les systèmes informatiques a toujours été problématique, et ce pour plusieurs raisons : premièrement, le nombre démesuré de caractères à gérer (en comparaison, par exemple, du nombre des caractères de l'alphabet latin) et deuxièmement l'absence de définition exhaustive d'iceux. Les approches usuelles ont ainsi dû se résoudre à faire des compromis : les codes dits « locaux », c'est-à-dire introduits pour les besoins spécifiques d'une culture en particulier, tels que JIS X 0208 ne considèrent qu'un ensemble restreint de caractères [34], alors que d'autres comme Unicode essaient d'inclure un ensemble de caractères plus large. Néanmoins, des caractères, plus ou moins nombreux et certes souvent peu usités mais pourtant bien déterminés, restent exclus de tels codes et ne peuvent donc être facilement traités par les systèmes informatiques, ou même y être simplement représentés (voir [6] pour de plus amples détails). Dans ce cas, une image (c'est-à-dire de l'information graphique, et non plus textuelle) reste alors souvent le dernier recours, avec tous les problèmes que cela implique (par exemple d'accessibilité).

En outre, l'attribution des « points de code » (c'est-à-dire des identifiants) aux caractères chinois est un autre problème : à cet effet, les approches usuelles s'appuient principalement sur deux propriétés des caractères : la clef du caractère et son nombre de traits. Comme détaillé ci-dessous dans le chapitre 2, bien que ces deux propriétés soient attrayantes par leur apparente simplicité, elles ne sont pas sans ambiguïté, ce qui rend l'utilisation des codes basés sur celles-ci difficile – par exemple la localisation d'un caractère particulier en leur sein.

Au regard de ces deux questions, précisément la couverture imparfaite des caractères chinois par les codes usuels et l'ambiguïté pénalisant la localisation d'un caractère dans le code, notre travail a pour but de définir sans ambiguïté une « signature » unique pour chaque caractère chinois, c'est-à-dire la compatibilité en théorie avec n'importe quel caractère, non seulement de toute évidence ceux des codes usuels, mais aussi ceux qui en sont exclus, et même ceux non encore découverts ou reconnus [4]. La définition d'une signature signifie ici simplement l'attribution d'un identifiant unique pour chaque caractère. Voilà une présentation succincte et informelle de notre objectif, qui est clarifié en partie 1.4 ci-après.

Nous sommes d'avis qu'il n'est guère besoin de s'étendre davantage sur les applications, nombreuses et importantes, de ce travail de recherche : la couverture et le traitement universels de tous les caractères chinois, en incluant les variantes (par exemple les formes démotiques et alternatives [56], cf. le chapitre 5) et les caractères locaux (par exemple les *kokuji* japonais, cf. la partie 1.1) sont essentiels pour la préservation

---

4. Nous pensons par exemple aux travaux de documentation ayant trait à l'ethnie Mien-Yao (瑤族) entrepris par le groupe du professeur Ritsuko Hirota (廣田 律子) de l'université de Kanagawa [19].

de l'héritage des cultures asiatiques. Un caractère pas ou peu accessible sur les systèmes informatiques, donc certainement déjà menacé par sa faible utilisation, ne peut, au vu de la modernité, et surtout technicité de notre époque, que tomber en désuétude. D'ici à parler d'appauvrissement culturel et linguistique, il n'y a qu'un pas, que nous serions tenté de faire même s'il faut reconnaître que c'est là un sujet qui pourrait être débattu (cf. le chapitre 2).

1.3 Définitions

Nous commençons par rappeler la définition d'une fonction injective et la définition d'une fonction bijective[5].

Définition 1. *Une fonction f d'ensemble de départ E est injective si et seulement si pour tous éléments x, y de E la relation $f(x) \neq f(y)$ est vraie.*

Définition 2. *Une fonction injective f de E dans F est bijective si et seulement si pour tout élément y de F il existe un élément x de E tel que $f(x) = y$.*

---

5. Quoiqu'il soit courant, au moins pour le mathématicien, de traiter le trio au complet : injection, surjection, bijection, il n'est cependant nul besoin pour ce travail de s'attarder sur la définition d'une fonction surjective.

Ensuite, nous définissons l'ensemble des caractères qui va servir d'ensemble de départ pour les fonctions présentées dans le reste de ce travail.

Définition 3. *L'ensemble C est constitué de tous les caractères chinois (voir la partie 1.1).*

De là, il convient de faire deux remarques importantes :

1. nous ne prenons pas position quant à la cardinalité de l'ensemble C : il est ainsi considéré ici à la fois comme possiblement fini et aussi comme possiblement infini ; (Au premier abord, on pourrait penser que C étant un ensemble de caractères, il soit fini. Comme détaillé dans les chapitres suivants, il est difficile de trancher.)

2. les éléments de l'ensemble C, peu importe que sa cardinalité soit finie ou non, ne sont pas tous déterminés.

L'ensemble C demeure en effet indéterminé : on ne dispose pas de liste exhaustive de tous les caractères chinois. Bien sûr, un dictionnaire aussi volumineux soit-il détermine la majeure partie des éléments de C, mais certains caractères, ou variantes, en restent toujours absents car inconnus ou non suffisamment reconnus pour apparaître dans une telle référence. Cet intéressant sujet est plus amplement détaillé dans les chapitres suivants.

Par ailleurs, nous avons mené lors de précédentes recherches des investigations quant à l'éventuelle existence (c'est-à-dire la possibilité de définition) d'une structure algébrique, tel qu'un groupe, qui se baserait sur les éléments de l'ensemble des caractères C. Le lecteur pourra se rapporter, par exemple, à nos travaux listés dans la bibliographie [2, 3, 4].

1.4   Objectif : définition d'une fonction injective de C dans $\mathbb{N}$

Nous traitons dans ce travail le cas de l'injection afin de pouvoir considérer un ensemble d'arrivée avec autant d'éléments que nécessaire. Une fois définie une fonction injective $f : C \to E$ pour un ensemble E quelconque, une bijection peut en être facilement déduite, par exemple la fonction $g : C \to F$ avec l'ensemble $F \subseteq E$ défini comme suit : $F = \{f(c) \mid c \in C\}$ et $g(c) = f(c)$ avec $c \in C$. Puisqu'une fonction bijective est injective et qu'il est trivial comme expliqué précédemment de déduire une bijection d'une injection [6],

---

6.   Sous réserve bien entendu qu'il soit possible de redéfinir l'ensemble d'arrivée, comme donné en exemple avec les deux fonctions f et g.

il est aussi difficile de trouver une bijection qu'une injection.

La différence fondamentale lorsqu'il s'agit de mise en pratique et notamment en ce qui concerne le traitement de l'information, c'est qu'alors que l'on peut tenter de définir un ensemble d'arrivée (fini ou infini, peu importe, mais disons plutôt infini car nous considérons que C peut être infini) dont les éléments sont tous déterminés (voir chapitres suivants), l'ensemble d'arrivée d'une bijection de C ne peut être qu'indéterminé car l'ensemble de départ C est lui-même indéterminé (cf. la définition 3).

Idéalement, il s'agirait par exemple de considérer l'ensemble des caractères $C = \{c_1, c_2, \ldots, c_n\}$ et de définir une bijection de cet ensemble dans le sous-ensemble $\{0, 1, \ldots, n-1\}$ des entiers naturels $\mathbb{N}$. Entre autres raisons, la cardinalité de l'ensemble de départ C étant indéterminée, une telle définition idéale pour l'application informatique est toutefois un problème insoluble.

La définition d'une telle injection f avec comme ensemble d'arrivée $E = \mathbb{N}$ un sous-ensemble des entiers naturels est difficile, comme détaillé dans la suite de ce volume et dans nos travaux précédents [7, 9]. C'est ce que nous recherchons. Par ailleurs, en nous orientant vers la définition d'une telle fonction, nous visons à résoudre dans le même temps le problème de l'existence d'une fonction injective ayant pour ensemble de départ C et pour ensemble d'arrivée $\mathbb{N}$.

Enfin, notons aussi qu'il est nécessaire ici (tout comme dans le titre de ce volume) de préciser l'ensemble d'arrivée de la fonction injective, car si l'on prend C comme ensemble d'arrivée, alors il est trivial de définir une bijection – l'application identité sur C – et donc une injection. D'un point de vue pratique, cela ne présente pas d'intérêt : en effet, comme nous l'avons expliqué ci-dessus, l'ensemble des caractères C est indéterminé.

CHAPITRE 2

Préliminaires

I L EST tout à fait intéressant de mener un travail ontologique à propos des caractères chinois, ce que nous avons précédemment essayé [4]. D'assez nombreuses propriétés des caractères peuvent être relevées, ce qui par ailleurs va se révéler essentiel pour le reste de notre travail.

Les propriétés principales des caractères chinois sont brièvement rappelées en partie 2.1. Une remarque importante à propos des styles de caractères est faite en partie 2.2. Les approches usuelles sont rapidement passées en revue en partie 2.3 avant de conclure ce chapitre par une remarque (partie 2.4) quant à la manière d'aborder ce volume.

2.1 Propriétés des caractères

Comme nous l'avons déjà largement détaillé [4],
un caractère chinois possède de multiples propriétés.
Parmi ces caractéristiques, celles utilisées dans les définitions données dans les chapitres suivants seront
détaillées le moment venu. Nous n'en donnons ainsi ici
qu'un bref rappel.

Afin de résoudre le problème de recherche des caractères compte tenu leur grand nombre, plusieurs
systèmes de classification furent introduits à travers
les époques. Le système actuel le plus répandu est celui
se basant sur la clef d'un caractère[1]. Cette idée de
clef remonte au dictionnaire Shuōwén jiězì (說文解字)
de Xú Shěn (許 慎) du IIe siècle. Cet antique travail
– toujours édité, par exemple [46] – définit 540 clefs.
Ce système, désormais désuet, fut remplacé par les
214 clefs du dictionnaire Zìhuì (字彙) de Mei Yingzuo
(梅 膺祚) datant de 1615. Ces 214 clefs sont toujours
utilisées par les dictionnaires modernes pour classi-
fier les caractères chinois (par exemple [40]). Notons

---

1. Remarquer que la plupart du temps la clef d'un caractère
se traduit en anglais par *character radical*, sur quoi nous avons
précédemment donné notre avis [4].

que l'on mentionne souvent ce système des 214 clefs comme étant du dictionnaire Kāngxī (康熙字典) qui est cependant postérieur (XVIIIe siècle) au dictionnaire Zìhuì de 1615. Le dictionnaire Kāngxī est toujours lui aussi largement édité (voir par exemple [33]). Une page du dictionnaire Zìhuì (dans sa version 鹿角山房藏版 en 12+2 volumes) montrant la mise en pratique de la classification par clef moderne (214 clefs) est donnée en illustration à la figure 2.1.

Il est toujours intéressant de se familiariser avec les clefs en ce qu'elles sont une entrée en matière abordable des caractères chinois (elles sont en effet en nombre très restreint par rapport au nombre des caractères), mais que dans le même temps elles donnent un aperçu général de l'ensemble de ces caractères, c'est-à-dire ne se limitant pas, par exemple, aux caractères dits « simples » [2]. Les 214 clefs, c'est-à-dire celles du système moderne, sont détaillées dans le tableau 2.1 ; elles y sont ordonnées selon le nombre des traits de la clef. Quant aux 540 clefs définies antérieurement par le dictionnaire

---

2. En cela, et pour rester dans le domaine des langues, les clefs des caractères chinois pourraient être rapprochées des verbes forts allemands : même si ceux-ci, à la différence des clefs, ne permettent pas de classer les verbes allemands en général, leur apprentissage permet à l'étudiant de prendre connaissance de nombreuses et variées racines étymologiques. Il en va de même avec les clefs.

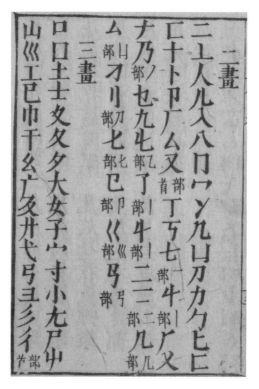

FIG. 2.1 : Une page du dictionnaire Zìhuì (1615) illustrant la classification par clef moderne.
(Image créée à partir de la numérisation de la bibliothèque nationale de la Diète (国立国会図書館),
identifiant n° info:ndljp/pid/2560021, folio n° 46.)

Shuōwén jiězì, elles sont données en annexe (se reporter aux tableaux B.1 et B.2).

Bien que les clefs peuvent sembler pratiques en vue de la génération d'une signature – elles sont utilisées pour l'attribution des points de code dans les codes traditionnels tels qu'Unicode – elles restent cependant ambiguës : il arrive que la clef définie pour un caractère varie d'une référence à l'autre. C'est le cas par exemple du caractère 全 *zen* auquel est assignée la clef 玉 *tama* par le dictionnaire Kadokawa Shinjigen [39] mais la clef 入 *nyû* par d'autres références comme le dictionnaire de Jean-Louis Taberd [48].

Ce malheureux état de fait peut par exemple provenir des réformes de simplification des caractères : la clef du caractère original (c'est-à-dire non simplifié) ne s'applique plus à sa version simplifiée. Rappelons en effet que l'objectif premier des clefs est de faciliter la recherche des caractères en servant de classificateur. La clef d'un caractère se doit donc d'être facilement identifiable à partir du caractère (de sa représentation graphique) sans quoi sa fonction de classificateur ne fait plus beaucoup sens. Or il se trouve qu'en simplifiant certains caractères, la clef qui était trivialement identifiable sur le caractère original n'apparaît plus. C'est le cas par exemple du caractère 歸 *ki* simplifié en 帰 dans le système d'écriture japonais et dont la clef

Tab. 2.1 : Les 214 clefs du système moderne de classification des caractères chinois (cf. la figure 2.1).

一	丨	丶	丿	乙	亅	二	亠	人	儿	入
八	冂	冖	冫	几	凵	刀	力	勹	匕	匚
匸	十	卜	卩	厂	厶	又	口	囗	土	士
夂	夊	夕	大	女	子	宀	寸	小	尢	尸
屮	山	巛	工	己	巾	干	幺	广	廴	廾
弋	弓	彐	彡	彳	心	戈	戶	手	支	攴
文	斗	斤	方	无	日	曰	月	木	欠	止
歹	殳	毋	比	毛	氏	气	水	火	爪	父
爻	爿	片	牙	牛	犬	玄	玉	瓜	瓦	甘
生	用	田	疋	疒	癶	白	皮	皿	目	矛
矢	石	示	禸	禾	穴	立	竹	米	糸	缶
网	羊	羽	老	而	耒	耳	聿	肉	臣	自
至	臼	舌	舛	舟	艮	色	艸	虍	虫	血
行	衣	襾	見	角	言	谷	豆	豕	豸	貝
赤	走	足	身	車	辛	辰	辵	邑	酉	釆
里	金	長	門	阜	隶	隹	雨	青	非	面
革	韋	韭	音	頁	風	飛	食	首	香	馬
骨	高	髟	鬥	鬯	鬲	鬼	魚	鳥	鹵	鹿
麥	麻	黃	黍	黑	黹	黽	鼎	鼓	鼠	鼻
齊	齒	龍	龜	龠						

est 止 [40]. Alors que cette clef apparaît bien sur la gauche du caractère originel, elle n'est plus visible sur le caractère simplifié, la partie gauche ayant été remplacée (simplifiée) par リ. Pour cette raison, certaines références japonaises donnent aussi 巾 *kin* comme clef du caractère 帰 [25, 29], clef cette fois directement visible sur le caractère.

Un caractère est formé par un ou plusieurs traits qui sont tracés dans un ordre préétabli précis. Il arrive toutefois que l'ordre des traits dépende du système d'écriture considéré. Plusieurs sortes de traits ont été plus ou moins précisément définies dans la littérature ; par exemple, Florian Coulmas dans son livre sur les systèmes d'écriture des civilisations en distingue huit principales : ヽ, 一, Ⅰ, ノ, ╲, ⌐, 亅 (Ⅼ, Ⅼ, ᛌ), et ᛨ (⌐) [15]. Nous continuons cette discussion au chapitre 3.

La prononciation d'un caractère est fonction de la langue (système d'écriture) qui l'utilise, et ce même si le caractère est présent dans plusieurs systèmes d'écriture. En d'autres termes, un même caractère sera en général prononcé différemment d'une langue à l'autre, même si dans la majorité des cas, une racine phonétique commune est plus ou moins facilement identifiable. Par exemple, le caractère 漢 se prononce *hàn* en chinois (mandarin standard), *kan* en japonais [40], *han* en annamite [21] et *han* en coréen [15].

En outre, alors que l'écriture chinoise et coréenne se basent sur le principe d'« un caractère, une prononciation », il n'en va pas de même pour l'écriture japonaise qui définit, ou plutôt répertorie en général plusieurs prononciations pour un même caractère. Ces prononciations japonaises s'expliquent souvent d'une manière historique. Nous continuons cette discussion au chapitre 4.

Enfin, un caractère peut avoir plusieurs écritures ; nous parlons de variantes ou de formes. Par exemple, l'écriture chinoise s'est vue simplifiée à plusieurs reprises au cours de son histoire. Ainsi, il est courant de considérer la forme simplifiée, comme utilisée en Chine, et celle traditionnelle, comme utilisée à Taïwan et Hong-Kong, d'un caractère. Il ne faudrait cependant pas assumer que la simplification d'un caractère est uniforme : on peut relever des différences par exemple entre les caractères simplifiés de Chine et ceux de Singapour sur la période 1969–1976, comme illustré dans le tableau 2.2. (Sont considérés dans ce tableau uniquement des exemples de caractères simplifiés d'une manière officielle. Ceux donnés pour l'écriture japonaise correspondent ainsi à la forme dite « nouvelle ».) Ces caractères illustrant les différences de simplification entre la Chine et Singapour sont extraits de la table des caractères simplifiés, dite « table 502 », produite par le ministère de l'éducation de Singapour en 1969 [11]. De même, les formes traditionnelles ne sont pas systématiquement identiques, par exemple entre Taïwan et Hong-Kong comme illustré dans le tableau 2.3 [3].

Notons qu'il existe toutefois bien d'autres variantes d'un même caractère, quoiqu'un caractère n'en ait généralement qu'au plus quelques unes à la fois. Nous pouvons citer par exemple la forme orthodoxe, la forme démotique et la forme ancienne. Nous continuons cette discussion au chapitre 5.

Il est par ailleurs intéressant de noter que les variantes des caractères sont depuis longtemps reconnues comme un obstacle à la maîtrise de la lecture et de l'écriture. Le jésuite Léon Wieger en parle dans des termes peu élogieux tout à fait significatifs qui se passent de commentaires [55] : « doubles inutiles », « monstres de nul usage », « le fatras des formes inusitées », et, à propos des causes de la multiplicité des variantes :

« D'abord l'ignorance des scribes, laquelle

---

3. L'auteur tient à préciser qu'il est assez difficile de se documenter sur ces différences entre Taïwan et Hong-Kong : nous nous sommes appuyés sur [16] (Taïwan) et [57] (Hong-Kong) pour les exemples du tableau 2.3.

TAB. 2.2 : Exemples de différences entre les caractères (officiellement) simplifiés du Japon,
de Chine et ceux de Singapour. Ces différences entre Chine et Singapour concernent
la période 1969–1976 [11].

Traditionnels	Simplifiés		
	Japon	Chine	Singapour
開	-	开	闲
來	来	来	耒
發	発	发	発
惡	悪	恶	悪
場	-	场	坊
國	国	国	国
獅	-	狮	狋
歲	-	岁	屵
繪	絵	绘	絵
覺	覚	觉	覚
觀	観	观	观
檳	-	槟	柌

TAB. 2.3 : Exemples de différences entre les caractères
de Taïwan et Hong-Kong, caractères dits
de l'écriture chinoise traditionnelle [16, 57].

Taïwan		Hong-Kong	
峰	*hong*	峯	*fung*
線	*suann*	綫	*sin*
麵	*mi*	麫	*min*
群	*kun*	羣	*kwan*
裡	*li*	裏	*leoi*
啓	*khe*	啟	*kai*
村	*tshuan*	邨	*tsyn*

continua à enfanter des monstres que la
postérité copia stupidement... »

(Léon Wieger, *Caractères chinois.*)

On ne saurait être plus clair.

Quoi qu'on en pense, de nombreuses variantes sont
reconnues et enregistrées comme caractères à part entière et les ignorer ne serait, à tout le moins, pas justifié,
a fortiori dans le cadre de ce travail de définition de
signature.

2.2 À propos des styles de caractère

Outre des variantes, certains caractères possèdent également des styles, et il convient de distinguer ceux-ci de celles-là. Nous considérons en effet que les différences de style d'un caractère n'induisent pas des caractères distincts. Nous rejoignons en cela l'opinion de Mitsuo Fukawa (府川 充男) et Kazuo Koike (小池 和夫) [18] et d'une manière générale celle du Comité pour les normes industrielles japonaises (Japanese Industrial Standards Committee (JIS) ; voir la notion de 包摂規準 « norme d'unification » par exemple dans la norme JIS X 0213:2000, partie 6.6.3 [27]) et du Ministère des affaires intérieures et des communications japonais (voir la partie 6 : デザイン差の基準について de [37]), même si nous nous en remettons entièrement au dictionnaire : dès l'instant qu'un caractère est donné comme variante d'un autre, nous le considérons bien entendu comme un caractère à part entière. Mais lorsque pour deux caractères correspondant au même caractère principal le dictionnaire n'en mentionne qu'un seul, alors il s'agit d'une différence de style et donc d'un seul et même caractère.

Par exemple, au moins quatre styles sont reconnus pour le caractère 靠 *kô* : voir la figure 2.2 – un œil exercé saura y repérer les différences. Il est aisé à tra-

靠 靠 靠 靠

FIG. 2.2 : Quatre styles pour le caractère 靠 *kô* : ces styles n'induisent pas de caractères distincts.

vers cet exemple de comprendre notre point de vue : considérer les différents styles d'un caractère comme caractères à part entière serait sans fin. Dès qu'un trait est en effet un tant soit peu allongé ou raccourci, il faudrait assigner (calculer) une autre image de l'ensemble d'arrivée. À notre avis, non seulement cela ne fait pas sens, mais encore cela va à l'encontre de la nature des caractères chinois qui ne devraient pas être considérés d'une manière trop stricte comme le montre la flexibilité de leur usage à travers les âges et les cultures (variantes, styles, emprunts, etc. ; voir par exemple [4]).

Remarquons toutefois que la distinction entre style et variante n'est pas toujours facile, et, quoi qu'il en soit, qu'elle ne fait pas toujours l'unanimité : par exemple, 雪 et 雪 *setsu* sont donnés comme deux styles d'un même caractère par [18] alors que le second est donné comme forme ancienne du premier dans [39]. De même, 高 et 髙 *kô* sont donnés comme deux styles d'un même caractère par [18] alors que le second est donné comme forme démotique du premier dans [38, 39]. Encore une fois, nous partons du principe que le dictionnaire fait foi, et nous sélectionnons la référence Daikanwa jiten [38] qui fait autorité notamment pour son caractère exhaustif [52].

Enfin, on pourra noter que lorsque et la séquence des traits et la séquence phonétique (voir les chapitres 3 et 4) ne varient pas en fonction du style du caractère, comme c'est le cas par exemple pour le caractère 靠 et ses styles illustrés en figure 2.2, il n'est pour notre travail pas nécessaire de déterminer le style « principal » du caractère. Lorsque c'est toutefois le cas, le style principal est donné clairement dans le dictionnaire : par exemple, la forme orthodoxe du caractère 竜 *ryû* est 龍. La forme orthodoxe de ce caractère possède de multiples styles, dont plusieurs sont illustrés en figure 2.3 : le style principal est ainsi 龍 et, par exemple, 龍 en est un autre [38] [4].

Par conséquent, les styles, à l'inverse des variantes, ne sont pas considérés comme induisant des caractères distincts et ne sont donc pas des éléments distincts dans l'ensemble de départ C de la fonction injective

---

4. Encore une fois, il convient de noter l'existence de différences d'une référence à l'autre : par exemple, 龍 est donné comme style principal dans [39]. Nous nous en remettons à la référence Daikanwa jiten [38] comme expliqué.

龍龍龍龍龍龍

FIG. 2.3 : Sept styles pour le caractère 龍 *ryû* : ces styles n'induisent pas de caractères distincts.

que l'on s'apprête à définir.

2.3   Approche classique

D'une manière générale, il existe deux tendances principales quant à la mise en code des caractères : l'approche dite locale et celle dite unifiée. Discutons maintenant ces deux approches opposées en prenant un exemple de code pour chacune d'elles.

Nous commençons par l'approche locale avec la norme JIS X 0208 [26] qui sert de base à la norme actuelle JIS X 0213 [27]. La norme JIS X 0208 organise la plupart des caractères chinois qu'elle couvre sur deux plans : le plan n° 1 (第一水準) et le plan n° 2 (第二水準).

35

Brièvement, le plan nº 1 inclut les caractères chinois dont l'usage est suffisamment fréquent ; ces caractères sont tirés de la liste pédagogique 当用漢字表 *tôyô kanji hyô* [31] (prédécesseur de la liste pédagogique actuelle 常用漢字表 *jôyô kanji hyô* [28]) et des listes de caractères spécifiques aux noms propres (noms de personnes et de localités) [34]. Les caractères y sont triés dans l'ordre induit par leurs prononciations – un caractère, à de rares exceptions près, ayant plusieurs prononciations en japonais, c'est un premier écueil –, selon la séquence dite « des cinquante sons » (五十音 *gojûon*) des syllabaires japonais.

Toujours succinctement, le plan nº 2 de la norme JIS X 0208 inclut les autres caractères de ces listes. Ils y sont cependant triés différemment, précisément selon les trois critères suivants : premièrement leur clef, deuxièmement leur nombre de traits et troisièmement leur prononciation, ces trois critères étant considérés dans cet ordre.

Ensuite, passons à l'approche unifiée, dont Unicode est indéniablement le représentant majeur. Contrairement aux approches locales, les caractères chinois des multiples systèmes d'écriture (japonais, chinois, coréen, annamite, etc.) sont tous rassemblés à égalité sur deux plans : le « plan multilingue de base » (*Basic Multilingual Plane*) et le « plan sinographique complémentaire » (*Supplementary Ideographic Plane*). Le plan multilingue de base contient les caractères les plus fréquemment utilisés (et en outre pas seulement les caractères chinois, mais aussi ceux latins, etc.). Les caractères chinois de ces deux plans y sont ordonnés premièrement en fonction de leur clef, avec l'ambiguïté que cela comporte – par exemple, la clef d'un caractère peut varier en fonction du système d'écriture –, puis deuxièmement en fonction de leur nombre de traits (voir le chapitre 18 de [53]).

Ainsi, non seulement les approches classiques se basent sur des propriétés ambiguës pour ordonner les caractères (par exemple la clef, la prononciation, qui sont *a fortiori* problématiques lorsque plusieurs cultures et systèmes d'écriture sont rassemblés dans un même code, comme c'est le cas avec Unicode), ce qui rend leur localisation au sein du code difficile, mais il faut encore composer avec l'existence de plusieurs plans qui rajoute à la complexité de la tâche. Et dans le pire des cas, ces approches usuelles ne permettent tout simplement pas de représenter certains caractères (voir chapitre 1). Voilà qui suffit à démontrer l'insuffisance patente en ce qui nous concerne de ces approches classiques.

Enfin, parce qu'elle est suffisamment proche, au moins dans l'esprit, de notre présent travail, terminons

四 角 號 碼

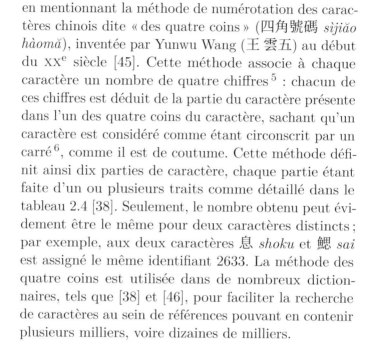

en mentionnant la méthode de numérotation des caractères chinois dite « des quatre coins » (四角號碼 *sìjiăo hàomă*), inventée par Yunwu Wang (王 雲五) au début du XXe siècle [45]. Cette méthode associe à chaque caractère un nombre de quatre chiffres[5] : chacun de ces chiffres est déduit de la partie du caractère présente dans l'un des quatre coins du caractère, sachant qu'un caractère est considéré comme étant circonscrit par un carré[6], comme il est de coutume. Cette méthode définit ainsi dix parties de caractère, chaque partie étant faite d'un ou plusieurs traits comme détaillé dans le tableau 2.4 [38]. Seulement, le nombre obtenu peut évidement être le même pour deux caractères distincts ; par exemple, aux deux caractères 息 *shoku* et 鰓 *sai* est assigné le même identifiant 2633. La méthode des quatre coins est utilisée dans de nombreux dictionnaires, tels que [38] et [46], pour faciliter la recherche de caractères au sein de références pouvant en contenir plusieurs milliers, voire dizaines de milliers.

息 鰓

5. Plus éventuellement un cinquième chiffre, que l'on ne détaillera pas ici.

6. Nous profitons de cette succincte présentation de la méthode des quatre coins pour faire remarquer que l'aspect géométrique d'un caractère, c'est-à-dire son rapport largeur : hauteur, est, en principe, égal à 1 : 1. Dans la pratique, ce n'est pas toujours le cas (aléas de l'écriture manuscrite, contraintes typographiques, etc.).

TAB. 2.4 : La numérotation des parties d'un caractère pour la méthode des quatre coins (四角號碼 *sìjiǎo hàomǎ*).

Chiffre	Parties	Description
0	亠	tête
1	一, ⌐, ㄴ, ㇄	horizontal
2	丨, ノ, 亅	vertical
3	丶, 乀	point
4	十, 乂	croisement
5	扌	à travers
6	口	carré
7	丁, 厂, 丄, ㄴ, 厂, ㄱ	coin
8	八, ⸯⸯ, 人, 乁	huit (八 « huit »)
9	小, ⸯⸯ, 个, 忄	petit (小 « petit »)

Et puis citons aussi tout de même l'effort considérable réalisé par le défunt Institut des fontes Mojikyo (文字鏡研究会) et son système 今昔文字鏡 *konjaku mojikyô* dont l'approche consiste à s'appuyer sur plusieurs (49) fichiers de police de caractères pour la représentation de dizaines de milliers de caractères (150 366 *kanji*, styles inclus, entre autres caractères) [22]. L'attribution de ses points de code (appelés 文字鏡番号 *mojikyô bangô*) est généralement indépendante de celles utilisées par les autres systèmes de mise en code tels qu'Unicode. Une partie des points de code Mojikyo, précisément du n° 00001 au n° 49964, correspond en revanche aux identifiants attribués par le dictionnaire Daikanwa jiten [23].

Avec l'approche Mojikyo, pour qu'un logiciel puisse rendre un caractère sous forme textuelle et non pas sous forme d'image, sont nécessaires comme information à la fois le numéro de glyphe correspondant au point de code dans le fichier de police et le nom du fichier de police correspondant (c'est-à-dire le nom du fichier de police qui inclut le glyphe correspondant au point de code choisi). Les inconvénients de l'approche Mojikyo rejoignent ceux d'Unicode.

2.4   Remarque

Nous allons à présent passer en revue les différentes propriétés des caractères chinois que nous nous proposons de considérer en vue de la définition d'une fonction injective dans l'ensemble des entiers naturels $\mathbb{N}$ comme nous l'avons présenté ci-dessus. Ainsi, il convient maintenant de noter que les chapitres suivants sont à prendre « incrémentalement », c'est-à-dire que chacun réduit le nombre de collisions – le nombre de paires de caractères (distincts, il va de soi) pour lesquelles une même image est produite par la fonction, enfreignant ainsi le principe d'unicité des images (cf. la définition 2). En d'autres termes, chacun des chapitres suivants réduit progressivement le nombre de paires de caractères non couvertes par la fonction en cours de définition.

CHAPITRE 3

La séquence des traits

C E CHAPITRE est consacré aux traits du caractère, propriété essentielle puisqu'elle conditionne sa représentation visuelle. Rappelons que de tels traits sont traditionnellement tracés au pinceau.

La manière dont nous utilisons les traits du caractère pour produire un identifiant est décrite en partie 3.1. Après de succinctes statistiques en partie 3.2, nous montrons en partie 3.3 avec des contre-exemples que cette méthode n'est cependant pas suffisante en vue de la génération d'une signature unique pour chaque caractère.

3.1 Détail de la méthode

Comme nous l'avons rappelé brièvement au chapitre 2, un caractère chinois est fait d'un ou plusieurs traits. L'information induite des traits du caractère ayant déjà été largement présentée [4], nous ne la rappelons ici que succinctement en mentionnant qu'elle se base sur les trois éléments suivants :

- le nombre de traits du caractère ;

- la sorte de chacun de ces traits ;

- l'ordre dans lequel ces traits sont tracés.

Il en découle la définition suivante :

Définition 4. *La séquence des traits d'un caractère c est définie par le nombre, l'ordre et les sortes des traits de c.*

Il est essentiel de noter que la définition de la séquence des traits n'est pas ambiguë : en effet, bien qu'il existe quelques caractères pour lesquels on trouve des différences sur la séquence des traits d'un système d'écriture à l'autre, ces trois propriétés des traits sont bien définies pour chaque caractère au sein d'un système d'écriture ; voir par exemple la définition donnée par le Ministère de l'éducation japonais pour les caractères chinois présents au sein du système d'écriture japonais [36].

Comme exemple de caractère dont la séquence des traits diffère d'un système d'écriture à l'autre, nous pouvons donner le caractère 必 *hitsu* qui est bien connu pour illustrer cette situation assurément insolite : l'ordre des ses traits en japonais, celui en chinois et celui en taïwanais sont tous trois distincts. Précisément, ce caractère se trace comme indiqué par les séquences suivantes [1] :

- ヽ (en haut), ノ, ㇄, ヽ (à gauche), ヽ (à droite) en japonais,

- ヽ (à gauche), ㇄, ヽ (en haut), ノ, ヽ (à droite) en chinois, et

- ヽ (à gauche), ㇄, ヽ (en haut), ヽ (à droite), ノ en taïwanais.

Remarque : notons qu'il n'est pas impossible que ces

---

1. Ici et par la suite, les séquences (des traits ou autres) sont écrites naturellement de gauche à droite, et leurs éléments séparés par des virgules.

variations dans la séquence des traits inhérentes aux différents systèmes d'écriture concernent non seulement l'ordre des traits comme montré ci-dessus avec le caractère 必 *hitsu* mais aussi les sortes de traits. Cela semblerait être le cas par exemple pour les deux paires de caractères 言, 言 (trait n° 1 : 一 et 丶) et 化, 化 (trait n° 3 : 丿 et 一). Toutefois, au regard par exemple de [36] et [57] ces différences semblent être issues de choix typographiques de la part des polices de caractères. Comme précisé pour l'ordre des traits, peu importe l'existence de telles différences d'une culture à l'autre, l'important est de choisir la norme d'un système d'écriture particulier, telle que la norme japonaise, et de s'y tenir.

En ce qui concerne la définition des sortes de traits, nous respectons nos précédentes conventions : 36 sortes de traits sont définies, et à chacune est attribué un identifiant numérique pris dans l'intervalle $[1\,;36]$ de $\mathbb{N}$; voir le tableau 3.1 [7]. Cependant, nous y ajoutons une trente-septième sorte de trait, générique, utilisée pour tout trait qui ne pourrait être représenté par une des 36 sortes définies ci-avant ; que son identifiant numérique soit, naturellement, 37 et qu'il soit représenté dans ce livre avec le symbole &. Les caractères possédant un tel trait sont rarissimes : nous ne pouvons en citer qu'un seul, le singulier caractère 氽 *in*, qui est une forme

FIG. 3.1 : Différents styles pour le singulier caractère 僉 *in*, forme ancienne du caractère 黔.

ancienne du caractère 黔 [38] et qui se compose de quatre traits, dont le dernier ne peut raisonnablement pas être assigné à une des 36 sortes du tableau 3.1. Remarquons que ce caractère a plusieurs styles, dont quelques uns sont illustrés en figure 3.1.

De plus, nous rappelons que chaque trait peut donc être représenté sur six bits, la notation octale étant ainsi pratique lorsqu'il s'agit par exemple de représenter le code correspondant à une séquence des traits. De là nous définissons l'ensemble T des 36+1 sortes de traits et la fonction bijective $t : T \to \{1, 2, \ldots, 37\} \subset \mathbb{N}^*$ qui associe un trait à son identifiant numérique comme donné dans le tableau 3.1 et complété ci-dessus avec l'identifiant numéro 37. Quelques exemples de séquences des traits avec les séquences d'identifiants correspondantes sont donnés dans le tableau 3.2.

Enfin, remarquons qu'un caractère possède à l'évidence au moins un trait, ce qui implique que toute séquence des traits est non vide.

Tab. 3.1 : Les 36 sortes de traits principales utilisées pour tracer les caractères chinois (bloc Unicode 31C0–31EF). Nous leur assignons un identifiant numérique de 1 à 36.

Id.	Tr.	Id.	Tr.	Id.	Tr.	Id.	Tr.	Id.	Tr.	Id.	Tr.
1	㇐	7	㇆	13	㇌	19	㇒	25	㇘	31	㇞
2	㇔	8	㇇	14	㇌	20	㇉	26	㇚	32	㇄
3	㇂	9	㇟	15	㇡	21	㇏	27	㇕	33	㇟
4	㇀	10	㇅	16	㇏	22	㇖	28	㇛	34	㇅
5	㇄	11	㇓	17	㇐	23	㇕	29	㇜	35	㇒
6	㇗	12	㇞	18	㇑	24	㇗	30	㇓	36	○

3.2 Quelques statistiques

Afin que le lecteur puisse se représenter, même partiellement, ce qu'il en est de la répartition des sortes et des nombres de traits parmi les caractères chinois, nous donnons dans cette partie quelques chiffres à cet effet.

Tout d'abord, en se basant sur la base de données MJ文字情報一覧表 *moji jôhô ichiran hyô* mise à disposition par l'organisation Japanese Character Information Technology Promotion Council (文字情報技術促進協議会), et ce dans sa version la plus ré-

Tab. 3.2 : Exemples de séquences des traits de caractères avec les séquences d'identifiants correspondantes.

Car.	Séquence des traits	Séquence des identifiants
大	一, 丿, ㇏	17, 19, 16
水	亅, 乛, 丿, ㇏	27, 8, 19, 16
凧	丿, 乚, 丨, 乛, 丨	19, 9, 18, 7, 18
回	丨, 乛, 一, 丨, 乛, 一	18, 22, 17, 18, 22, 17
迄	丿, 一, 乙, ㇏, ㇏, 乙, ㇏	19, 17, 33, 21, 21, 12, 16
𣎄	丿, ㇏, 一, &	19, 16, 17, 37

49

cente au moment où nous écrivons ces lignes (version 006.01) [24] – base de données relativement exhaustive puisque incluant 58 862 caractères [2] –, nous donnons en figure 3.2 la répartition des nombres de traits et pour la totalité des 58 862 caractères et uniquement pour ceux de cette base qui sont mentionnés dans le dictionnaire Daikanwa jiten (49 500 caractères). Notons que le nombre maximum de traits pour les caractères de cette base de données est 64, d'où l'intervalle choisi pour l'axe des abscisses de la figure 3.2.

Par ailleurs, nous avons récolté des statistiques supplémentaires quant à la séquence des traits lors de nos précédentes recherches concernant l'évaluation d'une méthode simple de hachage d'un caractère à partir de l'information portée par ses traits (voir [7]). Pour cela, nous avons spécialement créé une seconde base de données.

Rappelons ici que cette seconde base de données fut générée d'une manière semi-automatique, comme suit : la séquence des traits de caractères « premiers » (notamment la plupart des clefs, telles que 人 et 水) est tout d'abord définie manuellement en se basant sur les

---

2. Attention toutefois au fait que la base de données MJ文字情報一覧表 ne fait pas la distinction entre variante et style de caractère : les styles de caractère sont définis, et donc comptés dans les statistiques que nous présentons, comme caractères à part entière.

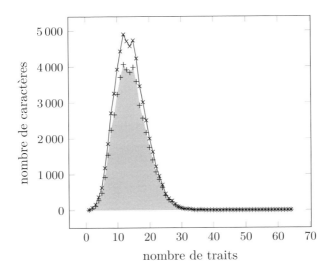

FIG. 3.2 : La répartition des nombres de traits des
caractères chinois, calculée à partir de la
base de données MJ文字情報一覧表 (ver-
sion 006.01).

sortes de traits du tableau 3.1, puis cette information est combinée automatiquement pour les autres caractères en fonction de leur information morphologique (voir le chapitre 6 pour plus de détails). L'information morphologique, ou plus précisément la partie de l'information morphologique du caractère utilisée pour la création de la base de données, partie d'information que nous appelons « opération de composition la plus externe » au chapitre 6, est elle aussi préenregistrée manuellement. Ainsi, il est important de reconnaître que l'information obtenue de cette façon peut ne pas être exempte de quelques imprécisions ou même erreurs. Il convient en effet de plutôt considérer la tendance ressortant de ces résultats.

Ce processus, un algorithme récursif, a permis le calcul de la séquence des traits pour 1 014 caractères. À partir de cette information, nous avons extrait la répartition des sortes de traits : elle est détaillée dans le tableau 3.3. On peut notamment y relever que 24 sortes de traits sur les 36 définies apparaissent dans cette seconde base de données, avec ⼀ le trait le plus répandu (environ 30% des traits). Au total, 9 144 traits ont été recensés.

TAB. 3.3 : La répartition des sortes de traits des caractères chinois comme calculée à partir d'une base de données semi-automatiquement générée.

Trait	Occurrences	Trait	Occurrences
─	2 769 (30,28 %)	∟	100 (1,09 %)
│	1 565 (17,12 %)	─┐	95 (1,04 %)
╱	1 245 (13,62 %)	┟	58 (0,63 %)
╲	1 004 (10,98 %)	╰	33 (0,36 %)
┐	546 (5,97 %)	┐∟	29 (0,32 %)
╲	518 (5,66 %)	∟	26 (0,28 %)
┐	216 (2,36 %)	∟	21 (0,23 %)
╵	205 (2,24 %)	ζ	16 (0,17 %)
╯	182 (1,99 %)	)	12 (0,13 %)
∠	180 (1,97 %)	<	12 (0,13 %)
╱	176 (1,92 %)	┗┑	5 (0,05 %)
┐	127 (1,39 %)	┗┑	4 (0,04 %)

3.3 Contre-exemples : paires non couvertes

La génération d'une signature pour un caractère uniquement à partir de sa séquence des traits ne garantit pas l'unicité de la signature. En d'autres termes, l'information apportée par la séquence des traits d'un caractère n'est pas suffisante pour définir une fonction injective comme recherché.

Il n'est pas vraiment difficile de trouver des paires de caractères dont les séquences de traits sont identiques. Quelques exemples parmi de nombreux autres de telles paires, et même triplets de caractères sont donnés dans le tableau 3.4. Cette recherche de contre-exemples va toutefois se compliquer au fur et à mesure des chapitres.

TAB. 3.4 : Exemples de paires et triplets de caractères pour lesquels la séquence des traits est identique.

Paire ou triplet	Séquence des traits
犬, 太	一, ノ, ヽ, ヽ
引, 弔	フ, 一, ㇆, 丨
力, 刀	フ, ノ
土, 工, 士	一, 丨, 一
日, 曰	丨, フ, 一, 一
六, 文	ヽ, 一, ノ, ヽ
召, 加	フ, ノ, 丨, フ, 一
旦, 目, 且	丨, フ, 一, 一, 一
貝, 吳	丨, フ, 一, 一, 一, ノ, ヽ
呈, 里	丨, フ, 一, 一, 一, 丨, 一
昌, 昍	丨, フ, 一, 一, 丨, フ, 一, 一
徑, 怪	ヽ, ヽ, 丨, フ, ヽ, 一, 丨, 一
査, 相	一, 丨, ノ, ヽ, 丨, フ, 一, 一, 一
唄, 員	丨, フ, 一, 丨, フ, 一, 一, 一, ノ, ヽ

CHAPITRE 4

La séquence phonétique

L ES CARACTÈRES CHINOIS étant non seulement des logogrammes mais encore en très grand nombre, la prononciation est assurément un de leurs aspects les plus délicats.

L'utilisation de l'information phonétique des caractères en vue de la définition d'une fonction injective requiert par conséquent une grande attention, notamment pour traiter d'une manière globale les différents systèmes d'écriture. C'est l'objet de la partie 4.1. Des précisions quant aux caractères propres de l'écriture chinoise simplifiée sont faites en partie 4.2. De brèves statistiques quant à l'information phonétique des caractères sont ensuite données en partie 4.3. Grâce à cette nouvelle information prise en compte dans le calcul d'une signature, le nombre de caractères posant encore problème devient extrêmement restreint comme montré en partie 4.4.

4.1 Détail de la méthode

Il est essentiel de toujours considérer uniquement des propriétés de caractère qui sont à la fois bien définies et non ambiguës. Seulement, nous avons précédemment montré que l'information qui découle des traits des caractères (c'est-à-dire la séquence des traits : nombre, sortes et ordre des traits) ne suffit pas à définir une fonction injective (voir le chapitre 3). Il reste en effet des caractères pour lesquels les séquences numériques obtenues sont identiques, en d'autres termes, dont les images par la fonction sont identiques, fonction qui n'est donc pas injective (elle l'est « presque », « pas tout à fait »).

Afin d'y remédier, nous devons donc prendre en compte des éléments additionnels d'information. Les propriétés principales d'un caractère chinois ont été rappelées dans le chapitre 2 : la prononciation d'un caractère est disponible comme élément additionnel d'information en vue de la définition d'une fonction qui produit une image unique pour chaque caractère.

Seulement, inclure la prononciation dans la définition de la fonction est problématique en ce que non seulement cette nouvelle information varie d'une langue à l'autre, mais surtout qu'elle est difficilement exploitable compte tenu de la multiplicité des prononciations pour un même caractère (surtout en japonais). Nonobstant cette difficulté caractéristique (!), admettons-le, du japonais, l'homonymie n'a rien de rare au sein des différents systèmes d'écriture : il est tout à fait fréquent que des caractères distincts aient la même prononciation, par exemple 旭, 緒 tous deux *xù* en chinois, et 助, 渚 tous deux *chử a* en annamite.

Le japonais définit en général, du moins pour les caractères fréquemment utilisés, deux sortes de prononciations : la prononciation *on* et la prononciation *kun*, celle-ci exclusivement japonaise, celle-là dérivée de la chinoise (et subdivisée en plusieurs catégories ; voir [4] pour de plus amples détails). C'est à dire que même s'ils sont moins fréquents que les autres, nombreux sont les caractères chinois de l'écriture japonaise qui n'ont pas de prononciation *kun*. Puisque notre objectif est de considérer comme ensemble de départ C en entier, il est évident que, même si l'on considère avec raison que tous les caractères chinois existent dans l'écriture japonaise, la prononciation *kun* ne peut servir efficacement à notre quête de définition vu qu'elle n'existe pas pour de nombreux caractères. C'est pourquoi nous sélectionnons la prononciation *on* des caractères comme information supplémentaire en vue de la définition d'une fonction injective.

Il est important de mentionner que cela se fait sans perte de généralité en ce que, comme dit précédemment, on peut considérer que tous les caractères chinois font partie du système d'écriture japonais. Il faut toutefois noter que quelle que soit la prononciation considérée (japonaise, chinoise, etc.), certains caractères restent sans aucune information phonétique disponible. Par exemple, si l'on prend la prononciation japonaise *on*, la prononciation des caractères dits « locaux » des écritures annamite et coréenne demeure non définie, et c'est aussi le cas pour la majeure partie des caractères locaux du japonais qui ont une prononciation *kun* mais pas *on*.

De plus, la définition japonaise de la prononciation *on* d'un caractère inclut bien souvent plusieurs entrées ; par exemple, le caractère 平 a pour prononciations *on* ヘイ *heï*, ビヤウ *byô*, ヘン *hen* et ベン *ben*. Cette multiplicité des prononciations, difficulté notoire dans

平

l'apprentissage du japonais et qui semble lui être propre nous l'avons dit, se révèle paradoxalement utile en vue de la génération d'une signature unique pour chaque caractère.

La mise en code de l'information phonétique ainsi basée sur la prononciation japonaise *on* est réalisée comme suit. La transcription est effectuée comme il est de coutume au moyen du syllabaire japonais *katakana*. Il est aisé d'y constater qu'une syllabe est constituée d'au plus trois symboles *katakana*. Nous prenons par ailleurs « l'orthographe historique » – c'est-à-dire la convention 字音の歴史的仮名づかい « écriture *kana* historique (ancienne) de la prononciation *on* des carac- tères » – dans un souci d'homogénéité avec le Daikanwa jiten, dictionnaire référence exhaustif comme présenté ci-dessus [38].

En outre, chaque symbole peut être représenté par un seul octet : les (au plus) 51 symboles du syllabaire *katakana* peuvent en effet chacun avoir au plus deux variantes supplémentaires induites par les signes dia-critiques ˝ et ° (respectivement appelés *dakuten* et *handakuten*). Ces variantes ne sont pas toutes utilisées dans l'écriture japonaise : 78 symboles sont au total distingués (voir le tableau 4.1) ; soit K l'ensemble de ces 78 symboles. Sept bits, c'est-à-dire induisant au plus $2^7 = 128$ valeurs exprimables, suffisent donc à la représentation des éléments de K. Ordonnons ces 78 symboles comme défini dans le tableau 4.1 (ordre basé approximativement sur celui d'Unicode [50]).

Admettant qu'un caractère a au plus huit prononciations *on* (par exemple, le caractère 行 en a six : カウ *kô*, ガウ *gô*, ギヤウ *gyô*, カン *kan*, ゲン *gen* et アン *an* [38]) et que chaque prononciation *on* est représentée avec au plus trois symboles *katakana*, nous obtenons au plus $7 \times 8 \times 3 = 168$ bits, soit $168/8 = 21$ octets, pour la représentation de l'information phonétique d'un caractère.

Enfin, les prononciations d'un caractère sont ordonnées comme indiqué dans la définition suivante.

Définition 5. *L'ordre des 78 symboles katakana donné dans le tableau 4.1 est appelé ω. L'ordre lexicographique induit par ω est appelé Ω.*

Par exemple, les six prononciations *on* du caractère 行 considéré ci-dessus donnent par l'ordre Ω la séquence アン, カウ, カン, ガウ, ギヤウ, ゲン.

C'est là la dernière étape : les prononciations d'un caractère sont triées selon l'ordre Ω avant d'être numérisées (mises en code). Nous pouvons donc maintenant définir la séquence phonétique d'un caractère.

Définition 6. *La séquence phonétique d'un caractère chinois c est la suite ordonnée dans l'ordre Ω des*

TAB. 4.1 : Les symboles *katakana* utilisés dans l'écriture japonaise, auxquels sont assignés un identifiant. Ces identifiants induisent une relation d'ordre total sur cet ensemble de symboles.

1	2	3	4	5	6	7	8	9	10
ア	イ	ウ	エ	オ	カ	ガ	キ	ギ	ク
11	12	13	14	15	16	17	18	19	20
グ	ケ	ゲ	コ	ゴ	サ	ザ	シ	ジ	ス
21	22	23	24	25	26	27	28	29	30
ズ	セ	ゼ	ソ	ゾ	タ	ダ	チ	ヂ	ツ
31	32	33	34	35	36	37	38	39	40
ヅ	テ	デ	ト	ド	ナ	ニ	ヌ	ネ	ノ
41	42	43	44	45	46	47	48	49	50
ハ	バ	パ	ヒ	ビ	ピ	フ	ブ	プ	ヘ
51	52	53	54	55	56	57	58	59	60
ベ	ペ	ホ	ボ	ポ	マ	ミ	ム	メ	モ
61	62	63	64	65	66	67	68	69	70
ヤ	ユ	ヨ	ラ	リ	ル	レ	ロ	ワ	ヰ
71	72	73	74	75	76	77	78		
ヱ	ヲ	ン	ヴ	ヷ	ギ	ヹ	ヺ		

prononciations on de c.

Tout comme la séquence des traits, la séquence phonétique peut soit être représentée par les symboles *katakana* eux-mêmes, soit par les identifiants numériques correspondants.

Un exemple est donné dans le tableau 4.2 : les deux prononciations *on* ordonnées induisent la séquence numérique 54, 10, 60, 10, dont la représentation numérique binaire de chaque symbole est complétée à gauche avec des zéros de telle sorte que chaque symbole soit exprimé par exactement sept bits, et dont la représentation numérique binaire de chaque prononciation *on* est complétée (à droite dans la séquence, à gauche en binaire) avec la valeur spéciale zéro afin que chaque prononciation *on* soit représentée par exactement 21 bits. On obtient ainsi la séquence numérique 54, 10, 0, 60, 10, 0 qui donne à son tour la séquence de 42 bits $(\texttt{A7 80 05 36})_{16}$ (écrite ici avec la notation hexadécimale et de droite à gauche, le bit de poids fort étant de manière naturelle à gauche). Ces étapes de mise en code de la séquence phonétique dans le cas du caractère 木 *ki* sont détaillées sous forme de récapitulatif dans le tableau 4.3.

Par ailleurs, la séquence des traits est mise en code avec six bits par trait comme expliqué ; elle est également représentée de droite à gauche.

TAB. 4.2 : Exemple de signature basée sur les traits et les prononciations d'un caractère. Les traits et prononciations sont ordonnés. Dans la représentation, le bit de poids fort est à gauche, naturellement.

Caractère :	木
Séquence des traits : Représentation :	一, 丨, 丿, 乀 $(20\ 23\ 22\ 21)_8$
Séquence phonétique : Représentation :	ボク, モク $(\text{A7}\ 80\ 05\ 36)_{16}$
Image dans $\mathbb{N} \times \mathbb{N}$:	$((20\ 23\ 22\ 21)_{16},$ $(\text{A7}\ 80\ 05\ 36)_{16})$

TAB. 4.3 : Détail des étapes de mise en code de la séquence phonétique dans le cas du caractère 木 *ki* : ボク, モク.

Séquence phonétique (→)	ボ,	ク,	モ,	ク
Séquence numérique correspondante (décimal) (→)	54,	10,	60,	10
Chaque symbole complété sur sept bits (binaire) (→)	0110110,	0001010,	0111100,	0001010

Chaque prononciation complétée sur 21 bits (binaire) (→)
0110110, 0001010, 0000000, 0111100, 0001010, 0000000

Bit de poids fort à gauche (binaire) (←)
0000000 0001010 0111100 0000000 0001010 0110110

(Hexadécimal : 0 0 0 A 7 8 0 0 5 3 6) (←)

L'image calculée pour le caractère pris en exemple est, dans un souci de clarté, de la forme (t, p), avec t la représentation de la séquence des traits et p celle de la séquence phonétique. Cette valeur est ainsi dans l'ensemble $\mathbb{N} \times \mathbb{N}$. La génération d'une signature dans $\mathbb{N}$ à partir d'une telle valeur est détaillée ci-après dans le chapitre 7.

Définissons maintenant la fonction bijective k : $K \to \{1, 2, \ldots, 78\} \subset \mathbb{N}^*$ qui associe un symbole *katakana* à son identifiant numérique comme défini dans le tableau 4.1. De plus, pour $r = k_0 k_1 \ldots k_{n-1}$ une prononciation *on* avec $0 \leqslant n \leqslant 3$ et $k_i \in K$ ($0 \leqslant i \leqslant n-1$), nous définissons $r(r)$ comme suit :

$$r(r) = \sum_{i=0}^{n-1} 2^{7i} \cdot k(k_i)$$

En comparaison, si nous considérions la prononciation chinoise d'un caractère, comme par exemple avec le système de transcription *pinyin*, à la place de la japonaise *on*, l'avantage serait que le principe « un caractère, une prononciation » en chinois faciliterait la mise en code de cette nouvelle information. En effet, l'information phonétique d'un caractère pourrait être représentée sur un nombre fixe de bits : en considérant pour simplifier le système de transcription taïwanais [16], une transcription contient au plus sept

闖

lettres (par exemple 闖 *tshuang*). Ainsi, sept octets (les lettres d'une telle transcription n'utilisent pas de signes diacritiques, à la différence du *pinyin*) suffisent pour représenter l'information phonétique d'un caractère. Ce nombre est à rapporter aux 21 octets maximum nécessaires dans le cas de la prononciation japonaise *on*.

Au contraire, en se basant sur l'information phonétique comme définie en japonais avec la prononciation *on*, il est possible d'avoir à traiter plusieurs transcriptions, leur nombre variant d'un caractère à l'autre. Ainsi, il n'est pas possible de limiter aussi efficacement le nombre d'octets comme dans le cas de la prononciation chinoise (sept octets). Mais d'un autre côté, l'avantage de la prononciation japonaise d'un caractère est justement sa multiplicité, qui, comme mentionné précédemment, réduit le risque de « collision » lors de la génération d'une signature.

Pour terminer, il nous semble raisonnable de mentionner qu'il se peut même qu'un caractère méconnu n'ait aucune information phonétique disponible – c'est le cas par exemple du caractère 䋝. La séquence phonétique d'un tel caractère est dans ce cas vide, ce qui n'est nullement problématique. Cette situation correspond d'ailleurs à celle des caractères locaux du japonais qui, comme indiqué précédemment, possèdent pour la majeure partie une prononciation *kun* mais aucune prononciation *on* – par exemple le caractère 畑 *hatake* –, même si ceux-ci ont bien une information phonétique disponible (deux prononciations *kun* : はた, はたけ pour le caractère 畑).

畑

4.2   À propos des caractères propres du chinois simplifié

Les caractères propres de l'écriture chinoise simplifiée, c'est-à-dire les caractères impactés par, et résultant de la réforme de simplification de l'écriture chinoise (appelés 簡體字 *jiǎntǐzì* et parfois, en cantonais par exemple, 簡化字 *gaan faa zi*) ne font pas à proprement parler partie de l'écriture japonaise. Cependant, il est aisé de comprendre que les caractères non simplifiés leur correspondant se retrouvent en japonais (rappelons que nous partons du point de vue que tous les caractères de l'écriture chinoise – non simplifiés, donc – font partie du système d'écriture japonais). Ainsi, l'information phonétique d'un caractère chinois est celle de son équivalent non simplifié. Par exemple, l'information phonétique du caractère simplifié 见 est celle du caractère 見 : il s'agit des trois prononciations *on* カン, ケン et ゲン.

簡
體
字
化

见
見

Notons qu'il aurait aussi été possible de considérer

que de tels caractères propres de l'écriture chinoise simplifiée n'ont aucune information phonétique disponible (c'est-à-dire aucune prononciation *on*). Il nous a semblé toutefois plus naturel de procéder comme décrit dans le paragraphe précédent.

Enfin, remarquons qu'un tel ajustement pour les caractères propres de l'écriture chinoise simplifiée n'a pas lieu d'être dans le cas de la séquence des traits : les traits de ces caractères simplifiés sont considérés tels quels, il n'est pas besoin de revenir à la forme non simplifiée du caractère.

Par ailleurs, profitons de cet aparté sur l'écriture chinoise pour remarquer aussi que, considérant la discussion de la partie 2.2 à propos des styles de caractère, ces caractères simplifiés de l'écriture chinoise ne sont pas des styles de caractère mais bel et bien des caractères à part entière.

4.3   Quelques statistiques

Nous reprenons la base de données MJ文字情報一覧表 et ses 58 862 caractères [24] (cf. le chapitre 3) pour en extraire quelques chiffres ayant trait à l'information phonétique des caractères. Nous rappelons que parmi les caractères de cette base, 49 500 seulement sont inclus dans le dictionnaire Daikanwa jiten.

Premièrement, 997 caractères des 58 862 n'ont aucune information phonétique disponible, soit 1,7 %. Si l'on considère uniquement les caractères de la base qui sont inclus dans le dictionnaire Daikanwa jiten, alors 320 de ceux-ci n'ont aucune information phonétique disponible, soit 0,6 %.

Deuxièmement, étant donné que la méthode proposée ci-dessus ne s'appuie que sur la prononciation *on* des caractères, nous donnons la répartition des caractères en ayant au moins une : 56 409 caractères sur les $58\,862 - 997 = 57\,865$ de la base ayant une information phonétique non nulle ont au moins une prononciation *on*, soit 97,5 %, et 48 949 caractères sur les $49\,500 - 320 = 49\,180$ de la base ayant une information phonétique non nulle et apparaissant dans le Daikanwa jiten, soit 99,5 %.

4.4 Contre-exemples : paires non couvertes

Même si l'on constate que les paires du tableau 3.4 induisent désormais des signatures distinctes, la génération d'une signature pour un caractère à partir et de sa séquence des traits et de sa séquence phonétique ne garantit toujours pas l'unicité de la signature. En d'autres termes, l'information apportée à la fois

Tab. 4.4 : Exemples de paires de caractères pour lesquels à la fois la séquence des traits est identique et la séquence phonétique est identique.

Paire	Séquence des traits	Séquence phonétique
要, 要	一, 丨, 乛, 丨, 丨, 一, 〈, 丿, 一	エウ
昈, 昈	丨, 乛, 一, 一, 一, 一, 一, 乚	ク

par la séquence des traits d'un caractère et par sa séquence phonétique n'est pas suffisante pour définir une fonction injective comme recherché.

Quelques exemples de telles paires qui restent problématiques sont donnés dans le tableau 4.4 : 要 *yô* est la forme orthodoxe du caractère 要. Cette recherche de contre-exemples va continuer de se compliquer au fur et à mesure des chapitres.

Remarque : bien que le dictionnaire Daikanwa jiten ne mentionne que キツ *kitsu* comme prononciation *on* du caractère 吉, il ne serait pas déraisonnable de considérer que les prononciations des diverses formes d'un même caractère sont identiques – naturellement celles données pour la forme principale du caractère (c'est-à-dire celles du caractère 親字 *oyaji* « caractère représentant [1] ») –, prenant ainsi les deux prononciations キチ *kitchi* et キツ *kitsu* pour ce caractère 吉 qui est une forme démotique du caractère 吉 (voir chapitre 5). Cela serait en accord avec d'autres dictionnaires japonais de référence tels que [40, 49]. On pourrait par conséquent donner comme paire restant problématique les deux caractères 吉, 吉 puisque leur séquence des traits est aussi identique. Et il en irait de même pour la paire de caractères 雪, 雪, celui-ci étant la forme orthodoxe de celui-là : le Daikanwa jiten ne donne que la prononciation セツ pour le premier (雪) mais les deux prononciations セチ et セツ pour le second (雪) [38].

---

1. Littéralement, « caractère *parent* ». L'analyse des diverses relations pouvant exister entre caractères est un sujet très intéressant ; par exemple, voir [4].

CHAPITRE 5

Variantes, ou formes

L ES SUJETS DIFFICILES ne manquent pas lorsqu'il
s'agit de travailler avec les caractères chinois :
nous avons vu dans le chapitre précédent que la
déduction d'information phonétique était loin d'être
triviale. Mais, celle-ci n'étant pas suffisante pour notre
objectif, nous abordons un autre aspect certainement
compliqué des caractères, les variantes, aussi appelées
formes.

Nous commençons en partie 5.1 par passer en revue, aussi clairement que possible, les différentes sortes
de formes de caractères, et quelques-unes de leurs relations. Quelques statistiques sont données en partie 5.2.

Des paires de caractères arrivant encore à passer à travers les mailles de ce nouveau filet sont présentées en partie 5.3.

5.1 Détail de la méthode

Comme montré dans le chapitre précédent, les variantes de caractères restent problématiques : en général, deux variantes d'un même caractère ont les mêmes prononciations (cf. la remarque à la fin du chapitre 4), et il existe des variantes pour un même caractère dont les traits induisent la même information, c'est-à-dire dont la séquence des traits est identique – voir par exemple le tableau 4.4.

Par conséquent, la prononciation d'un caractère n'étant pas non plus suffisante pour parvenir à l'unicité des images produites par la fonction en cours de définition, nous devons nous appuyer sur des éléments d'information additionnels qui permettent de séparer les caractères des quelques rares paires comme 要, 要 donnée ci-avant. Ainsi, nous allons désormais prendre en compte l'information de variante d'un caractère. Comme nous l'avons dit, les variantes d'un caractère sont également appelées ses formes et celles-ci n'ont pas toujours bonne presse, encore aujourd'hui.

Nous basant sur les formes habituellement documentées dans les dictionnaires japonais (par exemple le Kadokawa Shinjigen [39]), nous distinguons les sept formes suivantes :

1. *La forme orthodoxe* – C'est la variante habituellement inscrite dans le dictionnaire référence Kāngxī (康熙字典) [33]. Elle est parfois aussi appelée « traditionnelle » ou « correcte ».

2. *La forme nouvelle* – Certains caractères sont dits « simplifiés » : la forme orthodoxe est dans ce cas considérée comme traditionnelle et la forme simplifiée comme la forme nouvelle. Par exemple, 勧 est la forme nouvelle japonaise du caractère 勸, et 劝 la forme nouvelle chinoise de ce même caractère. Retournant la situation, on peut aussi dire que 勸 est la forme orthodoxe de ces deux formes 勧 et 劝. C'est également la forme nouvelle qui naturellement s'applique dans le cas d'un caractère propre de l'écriture chinoise simplifiée (voir le chapitre 4).

3. *La forme démotique* ou *vulgaire* – Ce sont des caractères modifiés par leurs utilisateurs, souvent dans l'intention de simplifier, mais non retenus comme formes simplifiées officielles. Ces variantes sont cependant parfois reconnues comme des formes acceptables, c'est-à-dire plus ou moins

entrées dans l'usage. Par exemple, 孝 est la, ou une forme démotique du caractère 學.

4. *La forme originelle* – Ces caractères peuvent parfois éclairer la morphologie des formes récentes. Par exemple, 斆 est la forme originelle de ce même caractère 學.

5. *La forme ancienne* – C'est une variante archaïque d'un caractère, qui n'a même parfois aucun rapport avec la forme originelle. Attention à ne pas confondre la forme ancienne et la forme orthodoxe, celle-ci étant de temps à autres aussi appelée « traditionnelle » comme expliqué ci-dessus. Par exemple, 銕 et 鐵 sont deux formes anciennes du caractère 鐵 (forme orthodoxe) et 鉄 est sa nouvelle forme.

6. *La forme erronée* – Au contraire de la forme démotique, la forme erronée d'un caractère, bien que reconnue, n'est pas tolérée. Par exemple, 審 est une forme erronée du caractère 寧, forme nouvelle de 寧 qui a par ailleurs 寍 pour forme originelle.

7. *La forme alternative* – Certains caractères possèdent des variantes qui ne peuvent être classées avec certitude dans aucune des précédentes caté-

gories. Ces variantes sont ainsi dites alternatives, notamment dans les dictionnaires. Par exemple, 顕 est une forme alternative du caractère 跬, forme orthodoxe qui a par ailleurs 赶 pour forme originelle.

De plus amples détails sont donnés par exemple dans [4]. De là, deux remarques :

- Un caractère peut avoir plusieurs formes de la même sorte, par exemple plusieurs formes alternatives. C'est notamment le cas avec les formes simplifiées soit nouvelles : par exemple, à la forme orthodoxe 對 correspondent la forme simplifiée du chinois 对 et celle du japonais 対. De même, 㭉 et 㭉 sont deux formes démotiques du caractère 㭉.

- Une forme nouvelle existe seulement par l'existence d'une forme orthodoxe. Ainsi, un caractère pour lequel n'a été définie aucune forme nouvelle (par exemple un caractère simplifié) n'induit pas d'information de variante.

À chacune de ces sept formes est assigné un identifiant numérique dans l'intervalle entier de un à sept, à la manière de la liste ci-dessus. De plus, l'identifiant zéro est réservé pour les caractères ne portant pas d'information de variante (cf. la précédente remarque). Cela induit un total de huit sortes d'informations de variante, que l'on représente ainsi sur trois bits. L'image calculée pour un caractère est donc maintenant exprimée par un triplet $(t, p, f) \in \mathbb{N}^3$ avec t la séquence des traits, p la séquence phonétique et f l'information de variante. Le calcul des images obtenues dans le cas de la paire 要, 要 qui jusque là posait problème est détaillé dans les tableaux 5.1 et 5.2.

5.2   Quelques statistiques

Le dénombrement des variantes de caractères, surtout comme nous l'avons défini, c'est-à-dire sans inclure les styles de caractères, est loin d'être trivial. On peut cependant obtenir quelque information concernant les variantes de caractères si l'on y inclut également les styles, en d'autres termes lorsque l'on ne distingue pas entre variante et style de caractères.

En nous appuyant cette fois-ci sur les données fournies par Unicode, et précisément sa partie *Ideographic Variation Database* (IVD), littéralement « base de données des variations idéographiques » [35], nous obtenons les statistiques suivantes, qui, nous le répétons, même si elles ne correspondent que partiellement à nos définitions, sont tout de même intéressantes [51].

TAB. 5.1 : Exemple de signature basée sur la séquence des traits, la séquence phonétique et l'information de variante.

Caractère :	要
Séquence des traits :	一, 丨, 乛, 丨, 丨, 一, 〈, ノ, 一
Représentation :	$(21\ 23\ 34\ 21\ 22\ 22\ 26\ 22\ 21)_8$
Séquence phonétique :	エウ
Représentation :	$(1\ 84)_{16}$
Information de variante :	forme orthodoxe
Représentation :	$(001)_2$
Image dans $\mathbb{N}^3$:	$((11\ 4D\ C4\ 52\ 49\ 64\ 91)_{16},\ (1\ 84)_{16},\ (001)_2)$

Tab. 5.2 : Exemple de signature basée sur la séquence
des traits, la séquence phonétique et l'information de variante.

Caractère :	要
Séquence des traits :	一, 丨, 丁, 丨, 丨, 一, 〈, 丿, 一
Représentation :	$(21\ 23\ 34\ 21$ $22\ 22\ 26\ 22\ 21)_8$
Séquence phonétique :	エ ウ
Représentation :	$(1\ 84)_{16}$
Information de variante :	forme nouvelle
Représentation :	$(010)_2$
Image dans $\mathbb{N}^3$:	$((11\ 4D\ C4\ 52\ 49\ 64\ 91)_{16},$ $(1\ 84)_{16}, (010)_2)$

Attention aussi au fait que certains caractères même s'ils sont une variante l'un de l'autre ne sont pas nécessairement inclus dans la base de données IVD : c'est le cas par exemple de la paire 學, 学, le premier étant la forme orthodoxe du second.

Ces chiffres dépendent de la « collection », soit norme, considérée. Nous prenons au premier chef la collection `Moji_Joho` puisque la plupart de nos statistiques se basent en général sur [24], d'où provient cette collection, et la collection `Adobe-Japan1` compte tenu de sa large adoption. De telles collections rassemblent des « variations idéographiques », chacune étant appelée « séquence » (IVS). Voir le tableau 5.3 ; encore une fois, sous la dénomination « variante » ces données englobent et variantes et styles de caractères, et de plus toutes les variantes n'y figurent pas, comme expliqué.

En d'autres termes, parmi les 11 384 séquences IVS de la collection `Moji_Joho`, 5 057 sont des caractères dits « de base » (caractère représentant, principal) et le reste, 6 327 sont dits des « variantes », c'est-à-dire selon nos définitions, des variantes ou bien des styles de caractères. On pourra noter que le nombre de telles « variantes » est nettement plus élevé dans le cas de la collection `Moji_Joho` (6 327, soit 55,6 %) que de la collection `Adobe-Japan1` (1 372, soit 9,3 %).

Par ailleurs, il convient de noter que les caractères

TAB. 5.3 : Répartition des variantes, styles inclus, de caractères au sein de l'*Ideographic Variation Database* d'Unicode.

	Séquences IVS	Caractères « de base »	Variantes & styles
`Adobe-Japan1`	14 684	13 312	1 372
`Moji_Joho`	11 384	5 057	6 327

n'ayant pas de telles « variantes » ne sont pas inclus dans la collection `Moji_Joho` : chaque entrée dans cette collection a au moins une variante [1]. On peut enfin rapporter ce nombre de variantes et styles de caractères au nombre total de caractères référencés dans [24] : $6\,327/58\,862 = 10,7\,\%$ [2].

---

1. Vérifié avec [24].

2. La base de données [24] date de 2019 et inclut 11 382 caractères auxquels correspond une séquence IVS. Il y a donc une différence de deux caractères avec l'information [35] datant elle de 2022.

5.3   Contre-exemples : paires non couvertes

La prise en compte de l'information de variante
constitue un pas dans la bonne direction : les paires de
caractères qui posaient jusque là encore problème (voir
tableau 4.4) induisent désormais des signatures distinctes grâce à l'information de variante. Mais quelques
irréductibles sont encore à l'œuvre, quoique désormais
assurément difficiles à repérer, et nous devons derechef
considérer une autre propriété des caractères afin de
séparer leur signature l'une de l'autre.

Plusieurs de ces paires qui restent problématiques
sont données dans le tableau 5.4 : par exemple, les
caractères 﨑 et 嵜 sont tous deux des formes démotiques du caractère 崎, et possèdent par ailleurs la
même séquence des traits et la même séquence phonétique. Même si nous avons exclusivement relevé des
caractères de clef 山 « montagne », il reste cependant à
déterminer si c'est là une particularité des caractères
de cette clef. La clef 山 est toutefois connue comme
incluant des caractères que nous aimons à appeler
« dansants » : les mêmes éléments (sous-caractères : de
plus amples détails seront donnés dans le chapitre suivant) sont disposés différemment, d'une certaine façon
par rotation, évoquant une valse. On pourra également

noter que pour certaines de ces paires, telles que 崉, 嵃 et 巕, 齺, l'information de variante pour les deux caractères est « forme alternative » mais cela pour des caractères principaux distincts : par exemple, le caractère 崉 est une forme alternative de 嵃, qui est lui une forme alternative de 泉 [38]. De plus, on remarquera que la majorité de ces caractères problématiques listés en tableau 5.4 ne possèdent qu'une seule prononciation *on* : la paire de caractères 﨑, 嵜 y fait à cet égard figure d'exception, elle en possède trois.

Nous aurions peut-être pu aussi inclure dans le tableau 5.4 la paire 嶋, 嶌 – bien connue des Japonais en ce que ses caractères sont assez fréquemment utilisés pour l'écriture de noms de famille tels que Shimada (島田 mais aussi 嶋田 et 嶌田)³ – puisque ces deux

---

3. Elle fait ainsi écho à la paire de caractères 﨑, 嵜 du tableau 5.4, elle aussi suffisamment connue pour l'occurrence de ses caractères dans les noms de famille tels que Yamazaki (山崎 mais aussi 山﨑 et 山嵜). Les autres paires du tableau 5.4 semblent nettement plus discrètes, ce que l'on peut vérifier par exemple en effectuant une recherche dans un annuaire téléphonique. (Prendre pour une telle recherche un index professionnel comme les pages jaunes peut être judicieux étant donné que les prénoms, et, dans une moindre mesure puisque transmis d'une génération à l'autre, les noms de famille, sont soumis à des restrictions officielles quant aux caractères utilisables : se référer par exemple aux listes 常用漢字表 « liste des caractères chinois usuels » [28], 人名用漢字表 « liste des caractères chinois

Tᴀʙ. 5.4 : Exemples de paires de caractères pour lesquels à la fois la séquence des traits est identique, la séquence phonétique est identique
et l'information de variante est identique.

Paire	Séquence des traits	Séquence phonétique	Information de variante
﨑, 嵜	丨, ∟, 丨, 丨, 一, 丨, 丨, 一, 丨, 乛, 一, 亅	イ, キ, ゲ	forme démotique
岇, 岴	丨, ∟, 丨, 丿, ∟, 乛, 丨	ガウ	aucune
峲, 莉	丨, ∟, 丨, 丿, 一, 丨, 丿, 丶, 丨, 亅	リ	aucune
峎, 峉	丨, ∟, 丨, 丶, 乛, 一, 一, ∟, 丿, 丶	ラウ	aucune
嶐, 巖	(omise)	カウ	aucune
峻, 崒	(omise)	セン	forme alternative
嶭, 嶽	(omise)	ガク	forme alternative
巑, 纍	(omise)	ルイ	forme alternative

島

嶌

嶹

嶋

caractères sont tous deux donnés comme une forme alternative du caractère 島 « île » par [40]. Cependant, le dictionnaire Daikanwa jiten précise la situation comme suit : 嶌 est une forme démotique de 嶹, alors que 嶋 est une forme alternative de 嶹, ce dernier étant la forme originelle de l'usuel 島 [38]. Enfin, que l'on ne s'y trompe pas : même si nous avons réussi encore une fois à identifier quelques paires de caractères pour lesquels une même signature est produite, cela devient à ce stade de la définition de la fonction particulièrement difficile. Le lecteur aura aisément remarqué que les paires restantes, au moins celles identifiées dans le tableau 5.4 et outre leur clef commune, paraissent formées selon le même modèle (cf. le chapitre suivant), ce qui semble bien être une indication de la raréfaction des contre-exemples (mais voir aussi la remarque suivante).

嶋

嶌

橋

橋

橋

髯

髯

髯

Remarque : même si le nombre de tels contre-exemples semble être très restreint – impossible d'être catégorique (cf. la paire 嶋, 嶌 présentée ci-dessus, mais encore les deux formes démotiques 橋, 橋 du caractère 橋, les deux formes démotiques 髯, 髯 du caractère 髯

pour les prénoms et noms de famille » et 人名用漢字許容字体表 « liste des formes autorisées pour les caractères chinois pour les prénoms et noms de famille » [32]. Le nom d'une entreprise peut être plus librement choisi (cf. le code de commerce japonais).)

et les deux formes démotiques 鷙, 鵁 du caractère 鵁
données dans le Kadokawa Shinjigen [40] qui, même si
elles ne sont pas reconnues par le Daikanwa jiten [38],
suffisent à montrer à quel point la situation est délicate)
–, il est important de conserver l'approche générale de
notre méthode, c'est-à-dire de ne pas admettre d'exceptions à la définition de la fonction injective. D'où la
nécessité d'introduire un nouveau critère de distinction,
comme présenté dans le chapitre suivant ; ce sera le
dernier critère en ce qui concerne la partie principale
de ce travail (d'autres critères, plus ou moins variés et
applicables, sont cependant discutés en conclusion au
chapitre 8 ainsi qu'en annexe A).

CHAPITRE 6

Information
morphologique

NOUVEAU et dernier critère pour extraire de l'information d'un caractère : une information qui
est déduite de la structure du caractère, dite
information morphologique. Nous limitons cependant
volontairement l'utilisation de cette information afin
de n'introduire ni de difficultés supplémentaires ni
d'ambiguïté.

Les différentes opérations de composition – ou pa-
reillement de décomposition – des caractères sont rappelées en partie 6.1, et elles sont suivies de la descrip-

tion de notre approche. Au contraire des précédents, puisque c'est la dernière propriété des caractères considérée, ce chapitre n'inclut que des exemples, pas de contre-exemples ; voir la partie 6.2.

6.1 Détail de la méthode

Nous avons montré à la fin du chapitre précédent qu'il reste certaines paires de caractères pour lesquels une même signature est calculée. Par conséquent, il nous faut de nouveau étendre la définition de la fonction pour prendre en compte une nouvelle propriété qui permettra d'obtenir pour chaque caractère d'une telle paire une signature distincte. Comme rappelé en annexe A, nous avons dans nos travaux précédents défini plusieurs opérations de composition des caractères [4] ; nous ne sommes d'ailleurs pas les seuls : Hiroyuki Sasahara (笹原 宏之) [43] et Richard Sproat [47] ont également abordé le sujet. Nous reproduisons le récapitulatif de ces opérations de composition et décomposition dans le tableau 6.1.

Dans cette même annexe est également rappelé que bien que suffisamment naturelles, les opérations de composition des caractères sont difficiles à formaliser. D'une manière générale, la décomposition d'un caractère en sous-caractères peut rapidement devenir

TAB. 6.1 : Les opérations de composition des caractères précédemment définies [4].

Op.	Symb.	Description
ϕ_0		identité
ϕ_1		combinaison horizontale
ϕ_2		combinaison verticale
ϕ_3		enveloppe
ϕ_4		combinaison bas gauche
ϕ_5		combinaison haut droite
ϕ_6		combinaison haut gauche
ϕ_7		combinaison en n
ϕ_8		combinaison en C
ϕ_9		combinaison en U
ϕ_{10}		combinaison en M
ϕ_{11}		combinaison en W
ϕ_{12}		combinaison en T
ϕ_{13}		combinaison en T inversé
ϕ_{14}		séparation horizontale (étirement)
ϕ_{15}		séparation verticale (étirement)
ϕ_{16}		superposition

ambiguë. C'est pourquoi, conscient de ce fait, nous ne considérons dans ce chapitre, outre l'opération de combinaison identité ϕ_0, que l'opération de combinaison horizontale ϕ_1 et celle de combinaison verticale ϕ_2, et de plus toutes deux appliquées à l'opération de composition la plus « externe », c'est-à-dire pour le premier niveau de composition, du caractère. Rappelons enfin que l'opération ϕ_0 est unaire et que ϕ_1, ϕ_2 sont binaires – les exemples donnés ci-après suffisent à leur compréhension.

Il convient en effet de rappeler que la plupart des caractères chinois sont le résultat de compositions successives de caractères (que l'on pourra alors suivant le contexte dire « sous-caractères »). Il est ainsi besoin de préciser quelle opération, ou niveau de composition est considéré. Ici, nous ne considérons que le premier niveau, que nous désignons par l'expression « opération de composition la plus externe ». Par exemple, le premier niveau de composition du caractère 標 est celui correspondant à l'opération de combinaison horizontale ϕ_1 : 標 $= \phi_1(木, 票)$, les deux caractères 木 et 票 étant ainsi dans ce cas des sous-caractères. Le second de ceux-ci se décompose en outre avec l'opération de combinaison verticale ϕ_2 : 票 $= \phi_2(西, 示)$. L'opération ϕ_1 est l'opération de composition la plus externe pour le caractère 標.

De plus, nous nous limitons à l'identification de l'opération (ϕ_1 ou ϕ_2) en elle-même – on pourrait ainsi dire l'opérateur –, sans prêter aucune attention à ses opérandes : qu'elles soient des caractères, c'est-à-dire des éléments de C, ou pas, il n'importe. Par exemple, l'opération de composition la plus externe du caractère 舞 est ϕ_2 : nous avons en effet 舞 $= \phi_2$(無, 舛). La première opérande (無) n'est pas (directement) un élément de l'ensemble C : c'est une partie, utilisée ici comme sous-caractère, provenant d'une écriture incomplète du caractère 無 [40], qui lui est bien un élément de C.

Cependant, et c'est là une remarque importante, il est nécessaire de ne considérer que les opérations de composition externes qui sont morphologiquement fondées, c'est-à-dire qui reflètent la structure (formation) du caractère – Léon Wieger parle très justement de « décomposition étymologique » [55]. Par exemple, le caractère 街 résulte de la combinaison du caractère 行 et du caractère 圭, précisément par l'opération de composition ϕ_{14} (voir le tableau 6.1). Il ne faudrait donc pas considérer que l'opération de composition externe de ce caractère 街 est, par exemple, l'opération de combinaison horizontale ϕ_1, appliquée, par exemple, à 彳 et 亍 ; cela serait incorrect. Pour la même raison, il serait incorrect de considérer que le caractère 文 se décompose par l'opération de combinaison verticale ϕ_2 appliquée à ⊥ et 乂 : ce n'est pas le cas [40], ce caractère 文 étant indécomposable – il est dit « premier [1] » (voir nos recherches précédentes [4]) ; Léon Wieger parle encore de « primitives » [55] [2].

Précisément, pour un caractère c, nous distinguons uniquement les trois sortes d'informations morphologiques suivantes :

- Lorsque la décomposition étymologique du caractère c induit comme opération de composition la plus externe de c l'opération de combinaison horizontale (ϕ_1), l'information morphologique retenue pour le caractère c est représentée par l'entier 1. C'est le cas par exemple des caractères 杉, 明 et 准.

- Lorsque la décomposition étymologique du carac-

---

1. *Prime* en anglais.

2. Il serait même intéressant de faire le rapprochement avec l'ἄτομος des Anciens, c'est-à-dire « indivisible », « insécable », terme employé dans le domaine de l'écriture depuis longtemps comme l'explique Louis Holtz [20]. Enfin, on peut aussi noter que Guillaume Bonnet applique le qualificatif « infra-lexical » aux lettres de notre alphabet latin, assemblées pour former les mots : on retrouve là encore cette même idée d'ultime limite au-delà de laquelle il n'existe plus de signification et d'où il est nécessaire de raisonner différemment, par exemple non plus d'un point de vue sémantique mais d'un point de vue graphique [1].

tère c induit comme opération de composition
la plus externe de c l'opération de combinaison
horizontale (ϕ_2), l'information morphologique
retenue pour le caractère c est représentée par
l'entier 2. C'est le cas par exemple des caractères
岸, 字 et 吉.

- Dans tous les autres cas, l'information morphologique retenue pour le caractère c est représentée
  par l'entier 0. (Par conséquent mais non par
  hasard, cela correspond à l'opération identité
  ϕ_0 : c'est de cette manière, en simplifiant, que
  nous évitons toute ambiguïté.) C'est le cas par
  exemple des caractères 街, 文 et 道.

Ainsi, même si nous nous appuyons sur les opérations de composition des caractères pour déduire
l'information morphologique, nous le faisons avec parcimonie afin de n'introduire aucune ambiguïté dans la
définition de la fonction. Il convient par ailleurs de noter que la plus externe opération de composition d'une
large majorité (86 %) des caractères chinois est une
de ces trois opérations de composition des caractères
(ϕ_0, ϕ_1 et ϕ_2) [4, 54]. L'information morphologique servant à distinguer les quelques rares caractères restant
pour lesquels une même signature est calculée, ces trois
opérations suffisent.

Cette information morphologique est ainsi représentée sur deux bits. L'image calculée pour un caractère est donc désormais exprimée par un quadruplet $(t, p, f, m) \in \mathbb{N}^4$ avec t la séquence des traits, p la séquence phonétique, f l'information de variante et m l'information morphologique.

6.2 Exemples

Le calcul des images obtenues dans le cas de la paire de caractères 﨑, 嵜, paire qui jusque là posait problème, est détaillé dans les tableaux 6.2 et 6.3. On peut y constater que les deux images obtenues sont désormais bien distinctes. Il est ensuite aisé de voir que la situation est similaire dans le cas des autres paires problématiques identifiées dans le tableau 5.4 : chaque paire est formée d'un caractère dont le premier niveau de composition correspond à l'opération de combinaison horizontale ϕ_1 et d'un caractère dont le premier niveau de composition correspond à l'opération de combinaison verticale ϕ_2, produisant ainsi des signatures distinctes.

TAB. 6.2 : Exemple de signature basée sur la séquence des traits, la séquence phonétique, l'information de variante et l'information morphologique.

Caractère :	﨑
Séquence des traits :	｜, ㇄, ｜, ｜, 一, ｜, ｜, 一, ｜, ㇆, 一, 丿
Représentation :	$(33\ 21\ 26\ 22\ 21\ 22$ $22\ 21\ 22\ 22\ 30\ 22)_8$
Séquence phonétique :	イ, キ, ゲ
Représentation	$(34\ 00\ 01\ 00\ 00\ 02)_{16}$
Information de variante :	forme démotique
Représentation :	$(011)_2$
Information morphologique :	combinaison horizontale (ϕ_1) $(01)_2$
Image dans $\mathbb{N}^4$:	$((6\ D1\ 26\ 22\ 21\ 22$ $22\ 21\ 22\ 22\ 30\ 22)_{16},$ $(34\ 00\ 01\ 00\ 00\ 02)_{16},$ $(011)_2, (01)_2)$

Tab. 6.3 : Exemple de signature basée sur la séquence
des traits, la séquence phonétique, l'information de variante et l'information morphologique.

Caractère :	嵜

Séquence des traits :
Représentation :
	│, ╚, │, │, ─, │,
	    │, ─, │, ╗, ─, ┘
	(33 21 26 22 21 22
	    22 21 22 22 30 22)$_8$

Séquence phonétique : Représentation	イ, キ, ゲ (34 00 01 00 00 02)$_{16}$
Information de variante : Représentation :	forme démotique (011)$_2$
Information morphologique :	combinaison verticale (ϕ_2) (10)$_2$

Image dans $\mathbb{N}^4$:	((6 D1 26 22 21 22
	    22 21 22 22 30 22)$_{16}$,
	    (34 00 01 00 00 02)$_{16}$,
	    (011)$_2$, (10)$_2$)

CHAPITRE 7

Mise en code et évaluation

L A DÉFINITION et mise en code de chacun des quatre critères pris séparément ayant été décrites dans les chapitres précédents, il s'agit désormais de les rassembler pour terminer la définition de la fonction injective, en d'autres termes le calcul à partir d'iceux d'un élément de l'ensemble d'arrivée $\mathbb{N}$.

La mise en code finale de la signature d'un caractère et la définition de la fonction sont présentées dans la partie 7.1. Évaluations et mesures sont discutées en partie 7.2.

7.1   Méthode de mise en code

Comme expliqué ci-avant, nous obtenons un qua-
druplet $(t, p, f, m) \in \mathbb{N}^4$ avec t la séquence des traits,
p la séquence phonétique, f l'information de variante
et m l'information morphologique. Chaque instance
de ce quadruplet doit désormais être mise en code
de manière à être représentée par un élément distinct
de $\mathbb{N}$. Dans ce but, nous rappelons qu'il est généralement admis que le nombre maximum de traits d'un
caractère chinois est 84 [7]. De là, puisque comme
détaillé précédemment une sorte de trait requiert six
bits, l'information phonétique d'un caractère 168 bits,
l'information de variante trois bits et l'information
morphologique deux bits, ces quatre parties d'information peuvent être concaténées pour former un entier
naturel sur $84 \times 6 + 168 + 3 + 2 = 677$ bits.

En d'autres termes, nous avons défini une fonction
de C l'ensemble des caractères chinois dans l'ensemble
$E = \{0, 1, \ldots, 2^{677} - 1\} \subset \mathbb{N}$, fonction dont nos recherches et expérimentations tendent à montrer l'in-
jectivité. C'est là un résultat majeur en ce que nous
avions auparavant démontré, et avons brièvement rappelé dans les chapitres ci-dessus, que les précédentes

tentatives de définition résultent en des fonctions qui ne sont pas injectives.

Dans un souci de précision, une définition formelle de la fonction correspondante $f : C \to E$ est donnée ci-dessous. Soit un caractère quelconque $c \in C$. Premièrement, que $t_0^c, t_1^c, \ldots, t_{n-1}^c$ désigne sa séquence des traits ($n > 0$) avec $t_i^c \in T$ ($0 \leqslant i \leqslant n-1$) et la relation d'ordre total $i < j \Rightarrow$ « t_i^c tracé avant (antérieurement à) t_j^c » ($0 \leqslant i, j \leqslant n-1$). Nous définissons $\tau(c)$ comme suit :

$$\tau(c) = \sum_{i=0}^{n-1} 2^{6i} \cdot t(t_i^c)$$

Deuxièmement, que $r_0^c, r_1^c, \ldots, r_{n-1}^c$ désigne la séquence phonétique du caractère c avec r_i^c la i-ième prononciation *on* de c ($n \geqslant 0$ et $0 \leqslant i \leqslant n-1$). Nous rappelons que r_i^c ($0 \leqslant i \leqslant n-1$) est de la forme $k_0 k_1 \ldots k_{l-1}$ ($0 < l \leqslant 3$, c'est-à-dire de la forme ou k_0 ou $k_0 k_1$ ou $k_0 k_1 k_2$) avec $k_j \in K$ ($0 \leqslant j \leqslant l-1$) et que la séquence $r_0^c, r_1^c, \ldots, r_{n-1}^c$ est par définition ordonnée selon Ω (se référer au chapitre 4). Nous définissons $\pi(c)$ comme suit :

$$\pi(c) = \sum_{i=0}^{n-1} 2^{21i} \cdot r(r_i^c)$$

Troisièmement, que $v(c)$ désigne l'information de

variante du caractère c, représentée en binaire sur trois bits comme expliqué au chapitre 5.

Quatrièmement, que $\mu(c)$ désigne l'information morphologique du caractère c, représentée sur deux bits comme détaillé au chapitre 6.

La fonction f de l'ensemble des caractères chinois dans $\mathbb{N}$ est définie comme suit :

$$
\begin{aligned}
f(c) = {}& \tau(c) + 2^{6 \times 84}\, \pi(c) \\
& + 2^{6 \times 84 + 168}\, \upsilon(c) \\
& + 2^{6 \times 84 + 168 + 3}\, \mu(c) \\
= {}& \tau(c) + 2^{504}\, \pi(c) + 2^{672}\, \upsilon(c) + 2^{675}\, \mu(c)
\end{aligned}
$$

C'est-à-dire en reprenant les notations rappelées en introduction :

$$
\begin{aligned}
f : {}& C \to \mathbb{N} \\
& c \mapsto \tau(c) + 2^{504}\, \pi(c) + 2^{672}\, \upsilon(c) + 2^{675}\, \mu(c)
\end{aligned}
$$

Nous terminons cette partie en insistant sur le fait que cette représentation ou méthode de calcul rend possible le traitement automatisé des signatures : il suffit pour cela de commencer la lecture des octets par la droite, c'est-à-dire par l'information induite par la séquence des traits. La lecture au contraire en commençant par la gauche nécessiterait de systématiquement compléter la représentation du dernier critère, l'information morphologique du caractère, avec des zéros de telle sorte que cette ultime information soit toujours représentée sur deux bits, ce qui n'est pas le cas par exemple lorsque l'information morphologique a pour valeur 1 ou 0 (dans ces deux cas, un seul bit suffit).

7.2 Évaluation et mesures

Il convient en premier lieu de remarquer que les paires de caractères précédemment identifiées, ici et lors d'autres travaux, pour lesquels une même signature était générée induisent désormais des images distinctes par la fonction f définie ci-dessus. C'est par exemple le cas des paires (犬, 太), (日, 曰) et (吉, 𠮷).

Ensuite, bien que la taille d'une signature de caractère telle qu'induite par cette fonction f soit relativement grande : au plus 677 bits, une méthode de compression peut être appliquée sur la signature de manière certainement efficace étant donné le grand nombre de zéros consécutifs y étant inclus pour la plupart des caractères (lorsque l'on considère la représentation binaire de la signature).

À titre de comparaison, ou plutôt de référence car une comparaison équitable est difficile compte tenu des intentions différentes, mentionnons premièrement qu'il n'est pas rare que les signatures cryptographiques atteignent plusieurs centaines de bits, par exemple le hachage sur 512 bits par l'algorithme SHA-512, même s'il s'agit là d'une toute autre application. Deuxièmement, remarquons qu'un caractère est représenté sur au plus quatre octets dans la norme Unicode UTF-8 [53], auxquels on peut associer une séquence IVS (cf. le chapitre 5) de quatre octets également [35], c'est-à-dire deux « points de code », soit au plus $(4 + 4) \times 8 = 64$ bits au total pour un caractère, mais il s'agit là encore d'un objectif qui même s'il est proche, reste différent du nôtre.

Les opérations mémoires, telle que l'écriture de la signature dans un fichier, ayant lieu sur la base de l'octet, les signatures obtenues sont toutes complétées sur $\lceil 677/8 \rceil = 85$ octets avec autant de bits à zéro que nécessaire, c'est-à-dire qu'exactement trois zéros sont « artificiellement » ajoutés sur la gauche de la signature. Le nombre total de bits à zéro sur la gauche de la signature dépend toutefois des valeurs de l'information morphologique, de l'information de variante, de la séquence phonétique et de celle des traits. (On peut d'ailleurs noter ici qu'un caractère possédant au moins un trait, une signature ne peut être faite uniquement de bits à zéro.)

La mesure de la taille de la signature, avec et sans

compression, est détaillée pour quelques caractères dans le tableau 7.1 (le taux de compression y est donné entre parenthèses). Comme expliqué, la taille en mémoire sans compression est constante à 85 octets. En ce qui concerne l'algorithme de compression, nous avons simplement appliqué un codage par plages (RLE) [14]. Les algorithmes de compression de fichiers tels que PPMd, BZip2 et LZMA ne sont en effet pas efficaces dans le cas d'une signature de caractère comme présenté ici compte tenu du faible nombre d'octets inclus – avec ces algorithmes, paradoxalement le nombre d'octets augmente à l'issue de la compression.

On peut remarquer à travers les mesures du tableau 7.1 le taux élevé de compression des signatures, qui s'explique par le nombre important de zéros consécutifs induits par l'information des traits et l'information phonétique du caractère : la plupart des caractères chinois ont beaucoup moins de 84 traits, le nombre maximum de traits comme présenté ci-avant, et il en va de même pour le nombre maximum de prononciations *on* : la plupart des caractères ont beaucoup moins de huit prononciations *on*. Ainsi, un caractère comportant plus de traits (par exemple 馨) ou de prononciations *on* (par exemple 風) voit son taux de compression naturellement diminuer. La relation pour les exemples du tableau 7.1 entre le nombre de traits et le taux de

TAB. 7.1 : Taille des signatures pour les caractères sé-
lectionnés, avec et sans compression. Le
taux de compression est donné entre parenthèses.

Car.	sans compres. (en bits)	en mémoire sans compres. (en octets)	en mémoire avec compres. (en octets)	
吉	677	85	26	(70 %)
吉	677	85	20	(76 %)
木	536	85	18	(79 %)
﨑	676	85	34	(60 %)
要	677	85	24	(72 %)
犬	518	85	14	(84 %)
風	581	85	38	(55 %)
馨	677	85	44	(48 %)

compression est illustrée en figure 7.1 et celle entre le nombre de prononciations *on* et le taux de compression en figure 7.2. (Pour ces deux figures, les caractères sont respectivement ordonnés selon leur nombre de traits et de prononciations *on* afin de rendre plus visible la relation entre les deux paramètres.)

Les quelques soubresauts de la courbe du taux de compression dans ces deux figures s'expliquent par le fait que même si chaque figure ne prend en compte qu'un seul des deux paramètres, nombre de traits et nombre de prononciations *on*, ces paramètres influent bien entendu tous les deux sur le taux de compression. En d'autres termes, on ne peut mesurer l'impact sur le taux de compression d'un seul de ces deux paramètres indépendamment de l'autre.

Enfin, parce qu'il nous semble tout de même important de pouvoir se faire une idée de ce qu'est concrètement la signature d'un caractère, nous donnons la signature obtenue dans le cas du caractère 吉 dans sa totalité en figure 7.3. C'est la représentation binaire de la signature qui est montrée dans cette figure. Que l'on note qu'il n'est pas question ici de représentation en mémoire et que par conséquent la signature n'est pas complétée avec des zéros sur sa gauche comme précédemment expliqué. Même si le résultat est plus difficilement déchiffrable, la même signature est don-

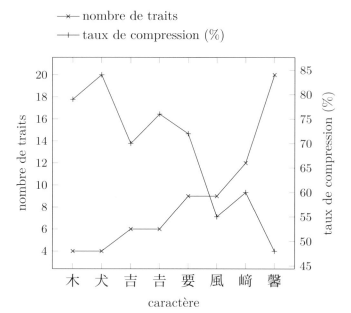

Fɪɢ. 7.1 : La relation pour les exemples du tableau 7.1 entre le nombre de traits et le taux de compression. (Les caractères sont ordonnés selon leur nombre de traits pour rendre plus visible la relation.)

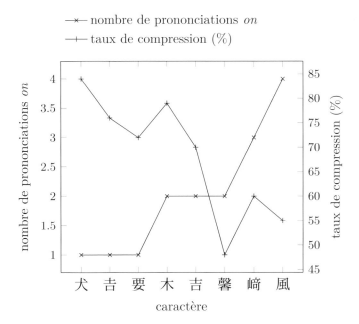

FIG. 7.2 : La relation pour les exemples du tableau 7.1 entre le nombre de prononciations *on* et le taux de compression. (Les caractères sont ordonnés selon leur nombre de prononciations *on* pour rendre plus visible la relation.)

```
100000000000000000000000000000000000000000000000
000000000000000000000000000000000000000000000000
000000000000000000000000000000000000000000001111
000010000000000000111000001000000000000000000000
000000000000000000000000000000000000000000000000
000000000000000000000000000000000000000000000000
000000000000000000000000000000000000000000000000
000000000000000000000000000000000000000000000000
000000000000000000000000000000000000000000000000
000000000000000000000000000000000000000000000000
000000000000000000000000000000000000000000000000
000000000000000000000000000000000000000000000000
000000000000000000000000000000000000000000000000
000000000000000001000101011001001001000010100100
10001
```

FIG. 7.3 : La signature obtenue dans le cas du caractère 吉, donnée ici dans sa totalité et au
format binaire.

née au format décimal entièrement en figure 7.4. On
peut notamment remarquer le grand nombre de zéros
consécutifs présents au format binaire comme nous
l'avions mentionné ci-dessus à propos de l'efficacité de
la compression.

3135285318820699159646662425689704934689423256739
8498887453345343106662993257328923423911098384466
0940376676045994378673815213673060087403166622929
3741098132660956388344578950236425476521934400004
287924606097

FIG. 7.4 : La signature obtenue dans le cas du caractère 吉, donnée ici dans sa totalité et au
format décimal.

CHAPITRE 8

Remarques conclusives

L E TRAITEMENT des caractères chinois par les systèmes informatiques a toujours plus ou moins
posé problème, moins désormais il est vrai grâce
aux progrès réalisés dans le domaine des mémoires et
des performances des ordinateurs en général. La taille
et, parfois, la structure ambiguë de l'information correspondant aux caractères chinois en sont des raisons
majeures. C'est pourquoi les approches usuelles à la
mise en code des caractères chinois limitent le nombre
de caractères couverts par le code, dont l'utilisation –

par exemple la localisation d'un caractère au sein du code – s'en trouve malaisée.

8.1 Synthèse

À travers ce travail, en vue de permettre la représentation de tous les caractères chinois, y compris les variantes peu utilisées et les caractères dits « locaux », tout en conservant une structure de code relativement simple, sans ambiguïté, nous avons défini une fonction injective de l'ensemble des caractères chinois dans $\mathbb{N}$. Cette fonction rend ainsi possible la génération d'un identifiant unique, appelé signature, pour chaque caractère. Notre approche se base sur les quatre points principaux suivants :

1. la séquence des traits du caractère : leur nombre, sorte et ordre ;

2. la prononciation japonaise du caractère, même lorsqu'un autre système d'écriture est considéré (chinois, coréen, etc.), pour maximiser la quantité d'information disponible à la génération de la signature ;

3. l'information de variante ou forme pour, encore une fois, maximiser la quantité d'information disponible ;

4. l'information déduite de la morphologie du caractère, mais attention, en ne considérant que des propriétés simples pour éviter l'apparition de toute ambiguïté.

Ces quatre critères sont considérés dans cet ordre particulier (de un à quatre comme listé ci-dessus) : une des raisons principales est que nous avons pris en premier les critères qui semblaient permettre d'éliminer le plus de paires non couvertes, c'est-à-dire la séquence des traits et la séquence phonétique. La relative facilité d'accès à l'information prise en compte a aussi joué un rôle : les traits du caractère sont visibles, donc une information directement accessible, à la différence par exemple de l'information phonétique et de l'information de variante. Enfin, il nous semble que ces critères sont les plus naturels en ce qui concerne les caractères chinois.

On pourrait y ajouter également l'information sémantique du caractère, mais elle est difficilement formalisable, ou alors peut-être en isolant quelques champs lexicaux ? Aussi, et plus simplement, l'information étymologique des caractères induite par le système de classification ancien dit des six écritures (六書 *liùshū*, qui définit six catégories de caractères : 象形 « pictogramme », 指事 « idéogramme », 形聲 « idéophonogramme », 會意 « idéogramme composé », 假借 « em-

六
書
象
形
指
事
形
聲
會
意
假
借

prunt phonétique » et 轉注 « dérivation ») pourrait être utilisée, même si premièrement cette information recoupe en partie l'information morphologique et deuxièmement, ces six catégories sont très déséquilibrées : une large majorité des caractères sont en effet des idéophonogrammes [4]. Au vu des difficultés rencontrées lors de ces recherches, il nous semble probable que cette information supplémentaire ne soit pas vraiment intéressante, comprendre efficace, pour la définition d'une fonction injective.

Des critères additionnels, plus ou moins variés, sont pris en compte et mis à l'épreuve en annexe, et d'autres encore pourraient être définis à partir des sujets traités dans [4].

Un ordre différent pourrait aussi être considéré, par exemple prendre comme premier critère l'information morphologique, ce qui influencerait les paires non couvertes (par exemple 昌, 昍 n'en serait plus une : ils induiraient deux signatures distinctes par cet unique critère), mais à la fin la problématique resterait probablement inchangée. On peut toutefois remarquer que la séquence des traits engendrant dans la plupart des cas le plus de zéros consécutifs dans la signature au format binaire, ordonner les quatre critères de telle sorte que la séquence des traits soit considérée en dernier – c'est-à-dire de telle sorte que la séquence des traits

produise les chiffres les plus à gauche de la signature
– réduirait sensiblement la taille de la signature. (Il
ne nous a pas semblé justifié de davantage développer
cette méthode d'optimisation ici.) Notons néanmoins
qu'une telle optimisation n'aurait qu'un impact limité
dans le cas où l'on met en place la compression de la
signature, comme démontré dans le chapitre 7.

Quoi qu'il en soit, le théorème 1 donné ci-dessous
démontre que quel que soit l'ordre d'application des
critères, les quatre critères sont tous nécessaires, c'est-
à-dire qu'on ne peut faire avec moins de quatre critères
lorsque ces quatre critères sont considérés (la situation
pourrait être différente si d'autres critères sont pris en
compte ; cf. l'annexe A).

Théorème 1. *Lorsque sont considérés seulement les
quatre critères « séquence des traits », « séquence phonétique », « information de variante » et « information
morphologique », ces quatre critères sont tous nécessaires à la définition d'une fonction injective dont C
est l'ensemble de départ.*

Démonstration. Considérons les quatre ensembles possibles de trois critères parmi les quatre donnés en énoncé ; il est aisé de montrer que pour chacun de ces quatre
ensembles de trois critères, il existe au moins une paire
non couverte après application des trois critères de

l'ensemble (et peu importe l'ordre d'application des critères).

Reprenons les notations précédentes : soient t le critère correspondant à la séquence des traits, p celui à la séquence phonétique, f celui à l'information de variante et m celui à l'information morphologique. Les $C_4^3 = 4!/(3!(4-3)!) = 4$ ensembles possibles de trois critères parmi ces quatre sont $\{t, p, f\}$, $\{t, p, m\}$, $\{t, f, m\}$ et $\{p, f, m\}$.

Pour l'ensemble de critères $\{t, p, f\}$, la paire de caractères 﨑, 嵜 induit la même signature (image par la fonction). C'est un contre-exemple donné au chapitre 5.

Pour l'ensemble de critères $\{t, p, m\}$, la paire de caractères 要, 要 induit la même signature.

Pour l'ensemble de critères $\{t, f, m\}$, la paire de caractères 犬, 太 induit la même signature (l'information morphologique est zéro).

Pour l'ensemble de critères $\{p, f, m\}$, la paire de caractères 轄, 觛 induit la même signature (l'information phonétique est zéro). $\square$

Consécutivement à ce travail, y compris celui documenté en annexe, il nous semble important de remarquer que l'information visuellement sensible en ce qui concerne les caractères chinois, par exemple le nombre de traits que l'on peut déduire d'une simple analyse de l'aspect du caractère, ne suffit pas au calcul d'une signature unique pour chaque caractère, c'est-à-dire à la définition d'une fonction injective comme recherché. C'est là un fait bien regrettable, et c'est pourquoi nous dûmes prendre en compte d'autres critères, tels que l'information phonétique du caractère ou encore l'ordre de ses traits, même si cela se fait au détriment de la simplicité de la méthode de signature : il est par exemple difficile sans le dictionnaire approprié de connaître, et ce d'une manière exhaustive, l'information phonétique d'un caractère. Et il en va évidemment de même pour l'information de variante : difficile de manœuvrer sans le dictionnaire adéquat. (L'information de variante est d'ailleurs probablement encore moins naturellement identifiable que l'information phonétique. On peut toutefois assez sereinement affirmer qu'elle est nulle pour une majorité de caractères, au moins dans l'état actuel du référencement des caractères chinois existants.) De telles difficultés sont examinées plus avant dans la partie suivante.

8.2 De possibles limites

Nous avons montré à travers des exemples variés que notre approche parvient à atteindre l'unicité de la signature notamment pour les caractères qui posaient

précédemment problème. Il convient cependant de reconnaître ce qui pourrait être vu comme une limite de
notre travail :

- Les différents styles de caractères ne sont pas
  considérés comme étant des caractères à part
  entière comme cela est justifié au chapitre 2.
  Dans le cas où il serait nécessaire que chaque
  style soit pris comme un caractère distinct – ce
  qui, répétons-le, serait pour le moins surprenant,
  pour ne pas dire incongru –, il faudrait revoir
  la définition de la fonction décrite, par exemple
  pour générer une signature distincte pour les
  caractères de la figure 2.2.

- L'identification des sortes de traits d'un caractère, et de manière plus générale sa séquence
  des traits, n'est pas toujours instinctive. Redi-
  sons que la séquence des traits d'un caractère ne
  doit cependant pas être considérée comme étant
  ambiguë [36].

- Nos calculs pour la mise en code de la signature,
  et partant notre définition de fonction, assument
  qu'un caractère chinois possède au plus huit prononciations *on*. S'il s'avérait toutefois qu'il existe
  un caractère en ayant $n \geqslant 9$, il faudrait ajuster le

nombre de bits requis pour la mise en code de l'information phonétique, passant de $7 \times 8 \times 3 = 168$ bits à $7 \times n \times 3 = 21n$ bits. Ce ne serait là cependant qu'une modification mineure qui ne remettrait pas en cause notre approche.

- Les formes (variantes) de caractères ne sont pas toujours précisément nommées dans le dictionnaire. Ce n'est toutefois pas un problème d'ambiguïté – comme c'est le cas par exemple avec les clefs des caractères –, surtout lorsque l'on se base sur un seul système d'écriture (le japonais dans notre cas) : une forme n'est pas prise pour une autre, mais simplement désignée plus ou moins vaguement. Le dictionnaire Kadokawa Shinjigen est particulièrement complet et facile d'utilisation quant à la dénomination des formes de caractères [39, 40].

- Même si dans un souci de clarté et de simplicité nous n'avons considéré que les combinaisons horizontales et verticales de caractères, l'identification d'une telle opération de composition, et par suite de l'information morphologique qui en découle, pourraient peut-être dans certains cas apparaître difficiles, surtout pour le novice. C'est d'autant plus vrai qu'il est besoin de ne considérer que les combinaisons étymologiquement fondées.

- Dans un travail précédent basé sur une définition de la signature moins abouti que celle décrite dans ce volume-ci, nous sommes parvenus à automatiser le calcul des signatures pour un millier de caractères (1 014 exactement) [7]. Par la combinaison de ces résultats obtenus antérieurement avec la nouvelle définition de signature décrite ici, nous avons confirmé l'unicité des signatures produites pour ce millier de caractères. Cette expérience et ses résultats ont surtout permis d'affiner la définition de la fonction produisant les signatures.

8.3   Travaux futurs envisageables

Outre l'éventuel travail soulevé ou plutôt suggéré par ces cinq points, il serait également intéressant de tenter de réduire la taille de l'ensemble d'arrivée de la fonction définie. D'un point de vue plus applicatif, il serait aussi sensé de viser à réduire la taille en mémoire des signatures, par exemple en essayant de représenter plus efficacement les nombreux zéros consécutifs qui sont présents dans la signature de la plupart des caractères – nous avons déjà proposé une piste à cet effet ci-dessus.

De plus, il importe de remarquer que les formats des polices de caractères ont leurs propres limites : par exemple, le format Open Font accepte au plus 65 535 glyphes au sein d'une même police [13] (c'est en effet la limite sur 16 bits). Cela peut être un problème pour la représentation et le traitement informatique des caractères chinois, et donc une autre piste pour de futurs travaux.

Enfin, il serait aussi intéressant d'étendre ce travail à d'autres ensembles de caractères et systèmes d'écriture, en commençant par exemple par les caractères de l'écriture tangoute soit *xīxià* (西夏文字) qui partagent, même partiellement, outre leur origine géographique plusieurs propriétés avec les caractères chinois, telles que les traits et la morphologie [12] ; voir la figure 8.1. On pourrait de la même façon envisager les caractères de l'écriture khitan (契丹文字) ainsi que ceux de l'écriture jurchen (女真文字), autres cousins, certes obsolètes, des caractères chinois [42]. Et pourquoi ne pas aussi considérer les quasi-caractères japonais [10], notamment en vue de les faire reconnaître par les systèmes informatiques [5] ?

西
夏
文
字
契
丹
女
真

FIG. 8.1 : On pourrait peut-être étendre ce travail à l'écriture tangoute, cousine de l'écriture chinoise. (Image créée à partir de la numérisation de la bibliothèque nationale de la Diète (国立国会図書館), identifiant n° info:ndljp/pid/2586503, folio n° 23.)

La méthode présentée dans ce volume me paraît porteuse d'espoir : elle semble permettre d'une façon relativement simple et non-ambiguë la génération d'une signature unique pour chaque caractère. Il est cependant toujours difficile d'être péremptoire lorsque l'on s'attache à formaliser les caractères chinois. Mais c'est là aussi bien sûr une grande part de leur attrait : il reste bien souvent des cas particuliers échappant à la règle se voulant la plus générale que possible ! Quoi qu'il en soit, il semblerait que les systèmes informatiques et théories des langues en général aient, jusque là et à notre connaissance, évité le problème.

Approches infructueuses mais intéressantes

Nous terminons ce volume en présentant quelques autres approches envisagées au long de nos recherches, approches qui restent insuffisantes, soit parce qu'elles ne parviennent pas à éliminer les collisions de signatures, soit parce qu'elles atteignent un niveau de complexité trop élevé et qui va souvent de pair avec l'émergence d'ambiguïté. Ces approches ne sont cependant pas dénuées d'intérêt et partant elles nous ont semblé avoir toute leur place dans ce volume.

A.1 Approche basée sur les décompositions morphologiques

A.1.1 Décompositions appliquées aux traits

Nous avons déjà abordé le fait qu'un caractère chinois peut être morphologiquement décomposé en plusieurs éléments, bien souvent eux-mêmes des caractères [4]. Quoique cette propriété soit bien connue, notamment pour ses vertus pédagogiques, elle reste peu pratique quand il s'agit de systématisation. En effet, la décomposition d'un caractère en sous-éléments nécessite au préalable la définition d'un ensemble pour le moins artificiel, ensemble que nous avons nommé « de support [1] ». Cet ensemble regroupe tous les sous-éléments servant à décomposer les caractères, sous-éléments qui ne sont pas eux-mêmes des caractères. Bien que cette définition soit suffisamment claire, dans la pratique cet ensemble de support est difficile à construire : l'identification de *tous* les caractères posant déjà problème, celle des sous-éléments en étant directement induite est au moins aussi difficile.

---

1. *Supporting set* en anglais.

S'agissant des traits du caractère, l'épineuse question d'un tel ensemble artificiel et mal connu ne se pose pas. Ainsi, nous avons envisagé la décomposition d'un caractère par ses traits (et non plus par ses sous-éléments). Par exemple, considérons le caractère 日 ; sa séquence des traits est 丨, 乛, 一, 一. Ces quatre traits sont combinés avec les trois opérations binaires $\phi_1 = $ 冂, $\phi_2 = $ 日 et $\phi_5 = $ 冃 (se reporter au tableau 6.1 et [4] pour les définitions) comme suit :

$$\phi_1(\,|\,,\phi_5(\,\daleth\,,\phi_2(-,-)))$$

Il est ici essentiel de remarquer qu'une telle expression de composition (ou de décomposition, selon le point de vue) préserve la totalité de l'information exprimée par la séquence des traits : les sortes de traits utilisées, leur nombre mais aussi leur ordre. Le calcul de la signature correspondante est ensuite relativement aisé (cf. l'algorithme 3 de [4]).

Toutefois, cette nouvelle approche reste imparfaite en ce qu'elle ne permet pas d'obtenir une signature distincte pour, par exemple, les paires 雪, 雪 et 日, 日. Par exemple, les caractères 雪, 雪 induisent tous deux l'expression de décomposition suivante :

$$\phi_2(\bullet,\phi_5(\,\daleth\,,\phi_2(-,-)))$$

avec ● l'expression de décomposition de 雨 (omise ici pour plus de clarté).

A.1.2 Décompositions appliquées aux traits avec relations de traits

Nous avons vu précédemment que chaque paire 雪, 雪 et 日, 日 induit la même signature pour ses deux caractères distincts. Au vu de ces deux exemples, il apparaît nécessaire de distinguer deux sortes supplémentaires de trait, disons pour traiter ces deux paires le trait horizontal 一 « normal » et une version « courte ». Cela permettrait en effet de différencier les signatures pour les caractères de ces deux paires prises en exemple. La séquence des traits devient :

$$日 : | , 乛, 一, 一 \qquad 日 : | , 乛, 长, 一$$

et, en considérant uniquement la partie inférieure des caractères 雪, 雪 dans un souci de concision,

$$彐 : 乛, 一, 一 \qquad 彐 : 乛, 乛, 一$$

les flèches exprimant là d'une manière informelle un trait plus long ou plus court que « la normale » (une fois n'est pas coutume, nous laissons cette idée dans cet état bien mal défini ; la raison suit). Bien entendu, de telles variantes de trait ne se limitent pas au trait horizontal 一.

En essayant de préciser ces ajustements (voilà, nous y sommes !), il apparaît rapidement que l'intérêt de telles variantes de trait réside non pas dans le fait de préciser la longueur du trait, mais dans sa *relation* avec les autres traits. Ainsi, il est plus pertinent de parler de relation de trait que de variante de trait.

Dans la pratique, nous utilisons des opérateurs unaires pour désigner une variante de trait. L'absence d'un tel opérateur dénote un trait qui ne dépasse pas le trait attenant (ou parfois une limite implicite naturelle induite par d'autres traits ; exemple à suivre). Les opérateurs identifiés – il en manque peut-être – sont répertoriés et accompagnés d'exemples dans le tableau A.1 [2].

Notons que les traits qui touchent sans dépasser sont écrits simplement, sans opérateur unaire, mais aussi que certains traits par défaut soit dépassent soit sont non attenants (c'est le cas par exemple du trait ㇏) et que dans ces situations « de base » ils sont mentionnés sans opérateur unaire. Cela pourrait toutefois être interprété – à juste titre – comme une ambiguïté

---

2. Nous prenons en exemple dans le tableau A.1, et parfois aussi dans le reste de cette annexe, la paire de caractères 化, 化 : le premier est en effet donné comme forme nouvelle du second (forme orthodoxe) dans [40]. Notons que le Daikanwa jiten ne mentionne que la forme orthodoxe (化), et qu'ainsi nous devrions en toute rigueur considérer 化 comme un simple style de caractère. Nous passons outre ce détail mineur – qui ne remet bien sûr rien en question – en vue d'illustrer au mieux notre propos avec cette paire de caractères très répandus et partant suffisamment représentative.

dans la définition et l'utilisation de telles variantes de trait.

On se rend compte par la suite que certains caractères distincts induisent malgré tout la même signature. C'est le cas pour la paire 犬, 太, caractères tous deux de séquence des traits (signature) ⼀, ⼃ , ⼂ , ⼂ . Ainsi, il est besoin de conserver l'expression des décompositions appliquées aux traits comme introduites ci-dessus, et on obtient par exemple les signatures correspondant aux décompositions du tableau A.2.

A.1.3   Pour conclure

En appliquant les opérations de décomposition non pas aux sous-éléments d'un caractères mais directement à ses traits, nous sommes parvenus à éviter le problématique ensemble de support. Cependant, outre l'existence de « collisions » de signatures, la décomposition d'un caractère par ses traits s'avère être beaucoup plus difficile, notamment plus ambiguë, que celle par ses sous-éléments (sous-caractères). Même si celle-ci requiert l'ensemble de support avec sa part d'artificialité et d'inconnu comme rappelé, elle reste nettement plus naturelle que celle-là.

Enfin, il nous faut mentionner la difficulté certaine de l'utilisation des opérateurs unaires pour désigner des variantes de trait : comme expliqué, il s'agit d'ex-

TAB. A.1 : Les différents opérateurs de trait identifiés. Ils sont utilisés pour désigner des variantes de trait.

Op.	Définition	Exemples
⊣	touche en début mais pas en fin de trait	日 : │ , ⊐ , ─ , ─ 曰 : │ , ⊐ , ⊣(─) , ─
⊢	touche en fin mais pas en début de trait	骨 : │ , ⊐ , ⊢(│) , ─ , ╲ , ⌐ , │ , ⊐ , ─ , ─
⊢⊣	ne touche ni en début ni en fin de trait	冋 : │ , ⊐ , ⊢⊣(─) , ⊢⊣(─)
⊣＋	dépasse en fin de trait mais pas en début	化 : ╱ , │ , ╱ , ∟ 化 : ╱ , │ , ⊣＋(╱) , ∟ 甲 : │ , ⊐ , ⊣＋(│) , ─ , ─
＋⊢	dépasse en début de trait mais pas en fin	田 : │ , ⊐ , │ , ─ , ─ 由 : │ , ⊐ , ＋⊢(│) , ─ , ─ 五 : ─ , │ , ＋⊢(⊐) , ─
＋＋	dépasse en début et en fin de trait	⊒ : ⊐ , ＋＋(─) , ─ 中 : │ , ⊐ , ─ , ＋＋(│)

TAB. A.2 : Combinaison des opérateurs unaires de trait avec les opérations de décomposition appliquées aux traits.

Caractère	Décomposition
日	$\phi_1(\ \vert\ ,\phi_5(\ \daleth\ ,\phi_2(\frown,\frown)))$
曰	$\phi_1(\ \vert\ ,\phi_5(\ \daleth\ ,\phi_2(\dashv(\frown),\frown)))$
化	$\phi_1(\phi_2(\diagup,\ \vert\ ),\phi_4(\llcorner,\diagup)$
化	$\phi_1(\phi_2(\diagup,\ \vert\ ),\phi_4(\llcorner,\dashv(\diagup))$
犬	$\phi_1(\phi_{12}(\frown,\diagup,\diagdown),\diagdown)$
太	$\phi_2(\phi_{12}(\frown,\diagup,\diagdown),\diagdown)$

primer la relation d'un trait avec d'autres. Or, les opérateurs étant unaires, c'est-à-dire n'impliquant que le trait lui-même – les autres traits concernés n'étant pas explicitement mentionnés –, une assez grande part d'ambiguïté est possible. C'est pourquoi non seulement l'application de tels opérateurs doit se faire avec parcimonie afin d'éviter le plus possible une notation ambiguë, mais encore que nous nous attelons à préciser l'expression des relations de traits ci-dessous, notamment en élargissant notre point de vue.

A.2 Approche basée sur la séquence des traits et leurs relations

Nous terminons cette annexe en présentant trois dernières pistes basées à la fois sur la séquence des traits et sur les relations de traits.

A.2.1 Nombre des traits adjacents aux extrémités des traits

La première façon consiste à indiquer aux extrémités des traits le nombre de traits adjacents (on pourrait ainsi parler de « valence », ou de pondération des traits). Se reporter aux exemples donnés dans le tableau A.3.

Toutefois, cette méthode ne permet pas d'obtenir une signature distincte pour certains caractères, par exemple pour ceux de la paire 亍, 于 : leur signature, identique, correspond à la séquence $^0\!-\!^0$, $^0\!-\!^0$, $\rfloor\,^1_0$.

亍

于

A.2.2 Nombre d'intersections pour chaque trait

Ainsi, puisque le chiffrement des intersections uniquement à l'extrémité des traits ne suffit manifestement pas, la seconde méthode présentée dans cette partie consiste à dénombrer toutes les intersections,

TAB. A.3 : Séquence des traits avec le nombre de traits adjacents à chaque extrémité des traits.

Caractère	Séquence des traits
日	$\mid{}_{1}^{1},\ {}^{1}\rceil{}_{1},\ {}^{1}{-}^{1},\ {}^{1}{-}^{1}$
日	$\mid{}_{1}^{1},\ {}^{1}\rceil{}_{1},\ {}^{1}{-}^{0},\ {}^{1}{-}^{1}$
目	$\mid{}_{1}^{1},\ {}^{1}\rceil{}_{1},\ {}^{1}{-}^{1},\ {}^{1}{-}^{1},\ {}^{1}{-}^{1}$
且	$\mid{}_{1}^{1},\ {}^{1}\rceil{}_{1},\ {}^{1}{-}^{1},\ {}^{1}{-}^{1},\ {}^{0}{-}^{0}$
水	$\lrcorner{}_{0,\,0}^{0,\,0},\ {}_{1}\diagup{}^{0},\ {}^{1}\diagdown{}_{0}$

et ce dans leur ordre d'apparition, c'est-à-dire que le nombre indiqué à côté d'un trait ne représente pas le nombre total de ses traits adjacents, comme dans la méthode précédente, mais uniquement celui de ses traits adjacents *déjà tracés*. Se référer aux exemples donnés dans le tableau A.4.

Même si les caractères de la paire 于, 于 induisent cette fois-ci deux signatures distinctes, de nouveau, cette seconde méthode de chiffrement ne suffit pas à éliminer les collisions de signatures pour certaines autres paires de caractères distincts : c'est le cas par exemple pour les caractères de la paire 化, 化 dont la signature, identique, correspond à la séquence des

TAB. A.4 : Séquence des traits avec le nombre d'intersections de chaque trait comme nous l'avons défini.

Caractère	Séquence des traits
日	│ 0, ㄱ 1, 一 2, 一 2
曰	│ 0, ㄱ 1, 一 1, 一 2
目	│ 0, ㄱ 1, 一 2, 一 2, 一 2
且	│ 0, ㄱ 1, 一 2, 一 2, 一 0
水	亅 0, ㄱ 0, 丿 1, 乀 2

traits 丿 0, │ 1, 丿 0, ㄴ 1.

A.2.3 Combinaison du nombre d'intersections pour chaque trait avec les relations de traits

En conséquence, nous associons le nombre d'intersections – nous rappelons qu'il s'agit des intersections d'un trait avec ceux tracés précédemment – avec les relations de traits qui sont définies en partie A.1.2. Des exemples de telles séquences des traits sont donnés dans le tableau A.5. On y remarque que les paires 田, 由 et 化, 化 pour lesquelles il est typiquement difficile de générer une signature unique par caractère induisent cette fois-ci des signatures distinctes.

TAB. A.5 : Séquence des traits avec le nombre d'intersections de chaque trait et les relations de traits.

Caractère	Séquence des traits
田	│ 0, ⅂1, │ 1, ─3, ─3
由	│ 0, ⅂1, ⊦(│)1, ─3, ─3
化	╱ 0, │ 1, ╱ 0, ∟1
化	╱ 0, │ 1, ⊣(╱)0, ∟1

A.2.4 Pour conclure

Comme nous l'avons montré, les deux premières méthodes présentées dans cette partie ne parviennent pas à assurer la génération d'une signature unique pour chaque caractère. De plus, la deuxième méthode semble être plus ambiguë en ce que l'identification des intersections de traits pourrait parfois prêter à confusion. Quant à la troisième méthode, son ambiguïté pourrait être accrue par rapport aux deux premières (à cause des relations de traits), mais elle permet indéniablement de réduire les collisions de signatures pour des caractères distincts.

Afin d'éviter autant que possible la difficile composition des traits comme présentée en partie A.1.1, nous n'avons pas entrepris d'associer à ces trois méthodes les opérations de composition correspondantes. Il faut cependant remarquer que certaines paires de caractères restent mal traitées puisque induisant une seule et même signature pour ses deux caractères. C'est notamment le cas de la paire 犬, 太 qui donne dans tous les cas une signature identique, telle que celle induite par la séquence des traits 一, ノ, ╲, ╲ et celle induite par la séquence des traits avec le chiffrement des intersections, par exemple 一0, ノ1, ╲2, ╲0. Dans de telles situations, les opérations de composition appliquées aux traits restent inévitables, au moins avant d'aborder la méthode introduite dans le chapitre 4.

Par conséquent, nous considérons qu'il est ici inutile de rajouter à la complexité sensiblement élevée de ces trois méthodes en les combinant avec les opérations de composition. Cela n'enlève rien au bien-fondé d'une telle quatrième méthode. Disons-la simplement implicite.

En guise d'épilogue et sans exagération, il me semble que ce travail a clairement démontré la difficulté de définir une fonction injective de l'ensemble des caractères chinois dans ℕ. Nous avons du moins essayé d'éclairer au mieux cette question.

ANNEXE B

Les 540 clefs

COMME expliqué, les clefs des caractères chinois sont très intéressantes à plusieurs égards : d'un point de vue pédagogique (elles sont porteuses d'information sémantique des caractères), d'un point de vue pratique (par exemple pour la classification et la recherche de caractères). Nous avons déjà donné les 214 clefs « modernes » au chapitre 2. Les 540 clefs définies antérieurement par le dictionnaire Shuōwén jiězì (說文解字) de Xú Shěn (許 慎) du IIe siècle sont données pour comparaison et référence dans les tableaux B.1 et B.2. Les clefs y sont ordonnées comme

dans le dictionnaire Shuōwén jiězì original (de gauche
à droite et de haut en bas dans ces deux tableaux ;
nous nous sommes notamment appuyés sur [58] pour
confirmer l'ordre des clefs).

Tab. B.1 : Les 540 clefs d'un système antérieur de classification des caractères chinois – première partie.

舛 蓐 艸 中 丨 士 气 珏 玉 王 三 示 丄 一
灷 止 走 哭 吅 凵 口 告 辥 牛 半 采 八 小
品 疋 足 牙 齒 山 延 殳 彳 辵 是 正 此 步
言 卅 十 古 丩 句 向 只 谷 干 舌 品 冊 歮
革 爨 晨 臼 舁 異 共 孖 收 羙 芈 辛 音 詰
臤 隶 畫 冓 聿 支 史 丩 又 鬥 刊 爪 彌 鬲
夏 焱 爻 用 用 教 攴 㒸 皮 寸 几 殺 殳 臣
丷 雈 奞 隹 華 習 爵 鼻 白 自 盾 眉 明 首
玄 叓 丝 幺 肉 甘 烏 舃 羴 雔 瞿 爨 羊 予
丰 刉 刃 刀 刕 豊 骨 凸 死 歺 棘 受 放 未
可 丂 乃 曰 豆 皀 琵 工 舛 丌 箕 竹 角 兮
虎 虍 虘 豐 井 旱 青 鼓 刀 喜 旨 亏 号 甝
會 嗇 食 邑 㱿 木 京 丹 喜 血 去 屮 入 倉
來 才 向 東 華 禾 久 㐮 血 高 矢 缶 夊 麥
烾 杢 林 稽 軓 放 簤 臼 高 韋 㒸 出 巿 彔
束 月 巢 冥 木 朿 卤 癶 韋 生 宋 員 口 㝵
有 克 宋 片 禾 林 凶 疒 生 邑 貝 夕 囧 禾
彔 嵓 苯 麻 冈 冃 广 邑 册 多 黍 秝 瓜
韭 网 网 冃 冂 广 册 米 香 宀
兩 米 呂 宮 宀

TAB. B.2 : Les 540 clefs d'un système antérieur de classification des caractères chinois – seconde partie.

似	次	司	山	与	犾	囟	夭	凶	西	瓦	甌	金	宁	己	辰		
丘	尾	欻	嵬	希	犬	矢	竝	永	至	甾	它	刕	四	戊	卯		
北	尺	欠	髟	厶	豕	莧	亦	立	蟲	不	丿	曲	風	力	幺	丁	寅
比	尸	覞	文	由	而	兔	大	夫	泉	乇	民	匸	蟲	黃	昌	乙	丑
从	羴	見	鬼	舟	皀	赤	卂	川	卂	毋	亡	蚰	黽	昌	乙	玄	
人	老	先	須	包	長	鹿	焱	本	丶	飛	埀	率	田	矛	肉	子	戌
匕	毛	禿	彡	苟	勿	䶂	炙	夰	丯	非	女	凵	虫	畕	自	甲	亥
匕	先	首	丸	象	炎	夲	水	魚	耳	我	糸	斤	七	壬	酉		
黹	衣	兒	卯	危	馬	奢	㚎	黑	臣	素	堇	斗	九	癸	酉		
㡀	月	丏	面	色	厂	易	火	壹	惢	雲	門	戊	系	土	且	六	申
白	身	兒	面	色	厂	火	壹	惢	雲	門	戈	二	几	五	辛	未	
帛	臥	儿	百	印	广	咼	熊	壺	龍	雨	戶	戈	弦	二	几	五	辛
市	重	方	卩	豸	能	尢	心	夊	鹽	氏	弜	卵	勹	亞	庚	午	
巾	壬	舟	无	屮	豚	鼠	交	思	谷	氏	弓	黽	开	癶	巴	巳	

Le code source utilisé pour les mesures

D ANS un souci de transparence, nous donnons ici une partie du code source sur lequel s'appuient les différentes mesures réalisées en vue de l'évaluation expérimentale de la méthode de signature proposée (cf. le chapitre 7). Le langage de programmation utilisé est Racket, un dialecte de Lisp, qui nous permet de rester succinct et aussi lisible [17]. Ce ne sont là

bien sûr que de possibles définitions parmi d'autres ;
nous ne prétendons pas qu'elles sont parfaites.

Les fonctions générales et de compression sont définies comme suit :

```
1  (define (signature->bytes signature)
2   (let aux ([s signature] [res '()])
3    (if (= (length res) 85) (list->bytes res)
4     (let ([b (bitwise-and s #b11111111)])
5      (aux (arithmetic-shift s -8) (cons b res)))))))
6
7  (define (count-bytes l) ; sous-fonction pour RLE
8   (let ([valeur (car l)] [reste (cdr l)])
9    (let aux ([reste reste] [c 1])
10    (if (null? reste) (list '() c valeur)
11     (if (eq? (car reste) valeur) (aux (cdr reste) (add1 c))
12      (list reste c valeur)))))))
13
14 (define (rle signature-bytes) ; compression RLE
15  (let ([l (bytes->list signature-bytes)])
16   (let aux ([reste-nbre-valeur (count-bytes l)] [res '()])
17    (let* ([reste (first reste-nbre-valeur)]
18           [nbre (second reste-nbre-valeur)]
19           [valeur (third reste-nbre-valeur)]
20           [res (cons valeur (cons nbre res))])
21     (if (null? reste) (list->bytes (reverse res))
22      (aux (count-bytes reste) res))))))
```

De là, nous calculons la taille en bits de la signature
sans compression comme suit :

```
23 (string-length (number->string (f (list sequence-traits
       sequence-phonetique variante morpho)) 2))
```

La taille en octets de la signature sans compression
est calculée comme suit :

```
24 (bytes-length (signature->bytes (f (list sequence-traits
        sequence-phonetique variante morpho))))
```

La taille en octets de la signature avec compression est calculée comme suit :

```
25 (bytes-length (rle (signature->bytes (f (list
        sequence-traits sequence-phonetique variante
        morpho)))))
```

La fonction f correspond à la fonction f définie au chapitre 7. Nous la définissons comme suit :

```
26 (define (f caractere)
27  (let ([sequence-traits (first caractere)]
28       [sequence-phonetique (second caractere)]
29       [variante (third caractere)]
30       [morpho (fourth caractere)])
31   (+
32    (tau sequence-traits)
33    (* (arithmetic-shift 1 504) (pi sequence-phonetique))
34    (* (arithmetic-shift 1 672) variante)
35    (* (arithmetic-shift 1 675) morpho))))
```

Elle s'appuie sur les fonctions suivantes (se reporter aux chapitres correspondants) :

```
36 (define (r prononciation) ; fonction r
37  (let aux ([l prononciation] [i 0] [res 0])
38   (if (null? l) res
39    (let* ([symbole (car l)]
40          [coef (arithmetic-shift 1 (* 7 i))]
41          [terme (* coef (k symbole))])
42     (aux (cdr l) (add1 i) (+ res terme))))))
43
44 (define (tau sequence-traits) ; fonction τ
45  (let aux ([l sequence-traits] [i 0] [res 0])
46   (if (null? l) res
```

```
47    (let* ([trait (car l)]
48           [coef (arithmetic-shift 1 (* 6 i))]
49           [terme (* coef (t trait))])
50      (aux (cdr l) (add1 i) (+ res terme))))))
51
52 (define (pi sequence-phonetique) ; fonction π
53  (let aux ([l sequence-phonetique] [i 0] [res 0])
54    (if (null? l) res
55      (let* ([prononciation (car l)]
56             [coef (arithmetic-shift 1 (* 21 i))]
57             [terme (* coef (r prononciation))])
58        (aux (cdr l) (add1 i) (+ res terme))))))
```

Les deux fonctions t et k correspondent naturellement aux fonctions t et k des chapitres 3 et 4, respectivement.

Enfin, un caractère est représenté par ses propriétés
comme suit (ci-dessous le caractère 吉) :

```
59 (define sequence-traits '(一  |  一  |  ㇕  一))
60 (define sequence-phonetique '((キ  チ) (キ  ツ)))
61 (define variante 0)
62 (define morpho 2)
```

Bibliographie

[1] Guillaume Bonnet. *Varron – La langue latine, livre IX*. Les Belles Lettres, Paris, novembre 2022.

[2] Antoine Bossard. Extending the algebra on Japanese characters to equations. In *Actes du 28ᵉ colloque International Conference on Computer Applications in Industry and Engineering*, pages 83–88, octobre 2015. En anglais.

[3] Antoine Bossard. Premises of an algebra of Japanese characters. In *Actes du 8ᵉ colloque International C* Conference on Computer Science & Software Engineering*, pages 79–87, juillet 2015. En anglais.

[4] Antoine Bossard. *Chinese characters, deciphered*. Yokohama, Japon, Kanagawa University Press (神奈川大学出版会), mars 2018. En anglais.

[5] Antoine Bossard. On Japanese's quasi-characters and their representation on computer systems. *Journal of Chinese Writing Systems*, 4(4):313–324, 2020. En anglais.

[6] Antoine Bossard. Ontological and quantitative analyses of the *kokuji* characters of the Japanese writing system.

Journal of Chinese Writing Systems, 6(2):137–145, 2022. En anglais.

[7] Antoine Bossard. Proposal and evaluation of a Chinese character hash function based on strokes for fingerprinting. *International Journal of Computers and Their Applications*, 29(2):59–65, 2022. En anglais.

[8] Antoine Bossard. *Traduction commentée de la première partie du Dictionarium anamitico–latinum de Jean-Louis Taberd*. Tôkyô, Japon, Maruzen Planet (丸善プラネット), mars 2022.

[9] Antoine Bossard et Keiichi Kaneko. Unrestricted character encoding for Japanese. In *Databases and Information Systems X*, volume 315 de *Frontiers in Artificial Intelligence and Applications*, pages 161–175, janvier 2019. En anglais.

[10] Basil Hall Chamberlain. On the quasi-characters called "ya-jirushi". *Transactions of the Asiatic Society of Japan*, 15(1):50–57, 1887. En anglais.

[11] Shih Yar Chia. A comparative study of the revision of simplified Chinese characters proposed by Singapore and China (新加坡与中国调整简体字的评骘). In *Actes du colloque* 汉字文化国际学术研讨会 *« Colloque international sur la culture issue des caractères chinois » organisé par le pôle de recherche sur les caractères chinois et le traitement de l'information en chinois de l'Université normale de Pékin (*北京师范大学汉字与中文信息处理研究所*) et la maison d'édition Liaoning People (*辽宁人民出版社*)*, août 1998. En chinois.

[12] Gerard Clauson. The future of Tangut (hsi hsia) studies. *Asia major*, 11(1):54–77, 1964. En anglais.

[13] Comité ISO/IEC JTC 1/SC 29. Technologies de l'information — codage des objets audiovisuels —, partie 22 : Format de police de caractères ouvert. Partie 5.2.6 : maxp – Maximum profile. Technical Report ISO/IEC 14496-22:2019, Genève, Suisse, Organisation internationale de normalisation, janvier 2019. Quatrième édition. En anglais.

[14] Commission d'études 8 (1997–2000) de l'UIT-T. Codage des couleurs par plages. Recommandation UIT-T T.45, Genève, Suisse, Union internationale des télécommunications, février 2000. Série T : Terminaux des services télématiques.

[15] Florian Coulmas. *The writing systems of the world*. Oxford, Angleterre, Basil Blackwell, 1989. En anglais.

[16] Zhōng Sī Dǒng et Shū Xián Chéng. *Jiǎnmíng táiwānyǔ zìdiǎn* (簡明台灣語字典) « *Dictionnaire concis taïwanais* ». Taïpei, Taïwan, Wu-Nan Book (五南圖書出版股份有限公司), seconde édition, 2012. En chinois.

[17] Matthias Felleisen, Robert Bruce Findler, Matthew Flatt, Shriram Krishnamurthi, Eli Barzilay, Jay McCarthy et Sam Tobin-Hochstadt. The Racket manifesto. In Thomas Ball, Rastislav Bodik, Shriram Krishnamurthi, Benjamin S. Lerner et Greg Morrisett, éditeurs, *Actes du premier colloque Summit on Advances in Programming Languages*, volume 32 de *Leibniz International Proceedings in Informatics (LIPIcs)*, pages 113–128, Dagstuhl, Allemagne, 2015. Schloss Dagstuhl–Leibniz-Zentrum für Informatik. En anglais.

[18] Mitsuo Fukawa et Kazuo Koike. *Kyûji kyûkana nyûmon* (旧字旧かな入門) « *Introduction aux anciens kanji et anciens kana* ». Tôkyô, Japon, Kashiwashobo (柏書房), 2001. En japonais.

[19] Ritsuko Hirota. *Songs and rituals of the Mien-Yao (*ミエ
ン・ヤオの歌謡と儀礼*)*. Okayama, Japon, Daigaku Kyoi-
ku Shuppan (大学教育出版), avril 2016. En japonais.

[20] Louis Holtz. *Donat et la tradition de l'enseignement gram-
matical.* CNRS Éditions, Paris, 1981.

[21] Nguyễn Quang Hồng. *Nôm characters with quotations and
annotations (Tự điển chữ nôm dẫn giải)*. Social Sciences
Publishing House, Hồ Chí Minh-Ville, Việt Nam, 2014. En
vietnamien.

[22] Institut des fontes Mojikyo (文字鏡研究会). *Konjaku mojikyô* (今昔文字鏡) *- tankanji jûgomanjiban* (単漢字１５
万字版) « Version avec 150 000 caractères chinois » *kanji
kensaku・nyûryoku sofuto* (漢字検索・入力ソフト) « Logiciel de recherche et saisie ». Kinokuniya (紀伊國屋書店),
octobre 2006. CD-ROM. En japonais.

[23] Institut des fontes Mojikyo (文字鏡研究会). *Mojikyo character map ver4.00*, décembre 2018. En japonais.

[24] Japanese Character Information Technology Promotion
Council (文字情報技術促進協議会). *MJ moji jôhô ichi-
ranhyô* (MJ文字情報一覧表) « Liste des caractères MJ ».
moji.or.jp/mojikiban/mjlist/, mai 2019. Version 006.01.
Visité en mai 2023. En japonais.

[25] Japanese Character Information Technology Promotion
Council (文字情報技術促進協議会). *Moji jôhô kiban ken-
saku shisutemu* (文字情報基盤検索システム) « Système
de recherche d'information de base des caractères »
– MJ010855. moji.or.jp/mojikibansearch/info ?MJ文字
図形名＝MJ010855. Visité en avril 2023. En japonais.

[26] Japanese Industrial Standards Committee. *7-bit and
8-bit double byte coded kanji sets for information*

interchange (7 ビット及び 8 ビットの 2 バイト情報交換用符号化漢字集合), 1997. Norme n° JIS X 0208:1997. En japonais.

[27] Japanese Industrial Standards Committee. *7-bit and 8-bit double byte coded extended kanji sets for information interchange* (7 ビット及び8ビットの2バイト情報交換用符号化拡張漢字集合), 2000. Norme n° JIS X 0213:2000. En japonais.

[28] *Jôyô kanji hyô* (常用漢字表) « Liste des caractères chinois usuels ». Avis n° 2 du Cabinet, novembre 2010. En japonais.

[29] Kakijun.jp. *Ki no kakikata* (「帰」の書き方) « L'écriture du caractère 帰 ». kakijun.jp/page/1055200.html. Visité en avril 2023. En japonais.

[30] Eunhee Kim. Concept and selection criteria for Korean gukja (國字). *Journal of Chinese Writing Systems*, 7(2):106–111, 2023. En anglais.

[31] *Kokugo shingikai* (国語審議会) « Commission délibérative pour la langue japonaise ». *Tôyô kanji hyô* (当用漢字表) « Liste des caractères chinois usuels ». Avis du Cabinet du 16 novembre 1946. En japonais.

[32] *Kosekihô sekô kisoku* (戸籍法施行規則) « Droit de la famille ». Décret n° 94 du Ministère de la justice, 1947. Liste annexe n° 2. En japonais.

[33] *Kāngxī zìdiǎn* (康熙字典). Pékin, Chine, Zhonghua Book Company (中華書局), 2009. En chinois.

[34] Ken Lunde. *CJKV information processing*. Sebastopol, Californie, États-Unis, O'Reilly Media, seconde édition, 2009. En anglais.

[35] Ken Lunde, Richard Cook et John H. Jenkins. *Unicode ideographic variation database.* Unicode Technical Standard #37, version 6.0, révision n° 14, janvier 2022. En anglais.

[36] Ministère de l'éducation, de la science, des sports et de la culture, Japon (文部省). *Fudejun shidô no tebiki (*筆順指導の手びき*) « Manuel pour l'enseignement du traçage des caractères »,* mars 1958. Première édition. En japonais.

[37] Ministère des affaires intérieures et des communications, Japon. *Heisei nijûsan nendo sômushô ukeoi chôsa (*平成23年度総務省請負調査*) « Enquête contractuelle du Ministère des affaires intérieures et des communications pour l'exercice 2011 » – Hôsetsu kijunsho (*包摂基準書*) « Norme d'unification »,* mars 2012. En japonais.

[38] Tetsuji Morohashi, Tadashi Kamata et Toratarô Yoneyama. *Daikanwa jiten (*大漢和辞典*).* Tôkyô, Japon, Taishukan (大修館書店), 2000. En japonais.

[39] Tamaki Ogawa, Taichirô Nishida et Kiyoshi Akatsuka. *Kadokawa Shinjigen (*角川新字源*).* Tôkyô, Japon, Kadokawa (角川書店), édition revue et corrigée, 1994. En japonais.

[40] Tamaki Ogawa, Taichirô Nishida, Kiyoshi Akatsuka, Tetsuji Atsuji, Takeshi Kamatani et Yuko Kizu. *Kadokawa Shinjigen (*角川新字源*).* Tôkyô, Japon, Kadokawa (角川書店), nouvelle édition revue et corrigée, 2017. En japonais.

[41] Văn-Khoái Phạm. The basic grammatological unit in Vietnam's nom script and its relationship with those in Chinese script. *Journal of Chinese Writing Systems,* 4(3):161–167, 2020. En anglais.

[42] Research Institute for Languages and Cultures of Asia and Africa, Tokyo University of Foreign Studies. *Zusetsu ajia moji nyûmon (*図説 アジア文字入門*) « Introduction aux*

caractères asiatiques illustrée ». Kawade Shobo Shinsha (河出書房新社), Tôkyô, Japon, nouvelle édition, janvier 2014. En japonais.

[43] Hiroyuki Sasahara. Coincidence and clash of *jitai*. *Japanese Linguistics*, 1:7–24, avril 1997. En japonais.

[44] Hiroyuki Sasahara. The regional distribution of Japanese kanji. *Journal of Chinese Writing Systems*, 6(3):199–209, 2022. En anglais.

[45] Kiyoji Satô. *Kanji hyakka daijiten (*漢字百科大事典*) « Dictionnaire encyclopédique des caractères chinois »*. Tôkyô, Japon, Meiji Shoin (明治書院), juin 1996. En japonais.

[46] Xú Shěn. *Shuōwén jiězì (*說文解字注*)*. Shanghaï, Chine, Shanghai Chinese Classics Publishing House (上海古籍出版社), 1981. En chinois.

[47] Richard Sproat. *A computational theory of writing systems*. Studies in Natural Language Processing. Cambridge, Royaume-Uni, Cambridge University Press, 2000. En anglais.

[48] Jean-Louis Taberd. *Dictionarium anamitico-latinum*. Hồ Chí Minh City, Viêt Nam, National Studies Center and the Literature Publishing House, 1838, 2004.

[49] Yoshio Togawa, Susumu Satô et Fujio Hamaguchi. *Zenyaku kanjikai (*全訳 漢辞海*)*. Tôkyô, Japon, Sanseido (三省堂), troisième édition (version « de bureau »), 2011. En japonais.

[50] The Unicode Consortium. *The Unicode standard 14.0, Katakana, Range: 30A0–30FF*, 2021. En anglais.

[51] The Unicode Consortium. IVD_Stats. unicode.org/ivd/data/2022-09-13/IVD_Stats.txt, septembre 2022. En anglais.

[52] The Unicode Consortium. *The Unicode standard, version 14.0*, volume 2. Mountain View, Californie, États-Unis, The Unicode Consortium, novembre 2021. En anglais.

[53] The Unicode Consortium. *The Unicode standard, version 15.0*, septembre 2022. En anglais.

[54] Jason Chia-Sheng Wang. *Toward a generative grammar of Chinese character structure and stroke order*. Thèse de doctorat, Madison, Wisconsin, États-Unis, Université du Wisconsin à Madison, 1983. N° 84-00523. En anglais.

[55] Léon Wieger. *Caractères chinois*. Publié par Henri-Joseph Bulté, évêque de Botrys et vicaire apostolique du Tche-Li du sud-est, en Chine, Société de Jésus, troisième édition, 1916.

[56] Liang Xiaohong. An exploratory survey of the graphic variants used in Japan: Part one. *Journal of Chinese Writing Systems*, 3(3):141–151, 2019. En anglais.

[57] *Zung waa san zi din (*中華新字典*)* « *Nouveau dictionnaire chinois* ». Chung Hwa Book Company (中華書局 (香港) 有限公司), Hong-Kong, nouvelle édition revue et corrigée, août 2007. En cantonais.

[58] Kè Hé Zāng et Běn Cái Liú. *Shíyòng Shuōwén jiězì (*實用 說文解字*)* « *Shuōwén jiězì pratique* ». Shanghaï, Chine, Shanghai Chinese Classics Publishing House (上海古籍出 版社), 2012. En chinois.

(Les traductions données entre guillemets dans la bibliographie sont simplement proposées par l'auteur, donc non officielles.)

Index

Remerciements

COMME nous l'avons exprimé à de maintes reprises, la représentation et le traitement informatique des caractères chinois n'est pas une mince affaire. Ce fut par conséquent également le cas pour l'édition de ce volume : l'insertion de caractères peu fréquents requit souvent bien des efforts. C'est pourquoi nous tenons si ce n'est à remercier au moins à citer les polices de caractères, chinois et autres, qui ont permis à ce livre de voir le jour :

- Hanazono (花園)

- IPA MJ Mincho Font (IPAmj明朝)

- Noto Serif Japanese

- Noto Serif Korean

- Noto Serif Simplified Chinese

- Noto Serif Traditional Chinese

(Les polices sont listées dans l'ordre alphabétique.) Il sied également de mentionner la police Computer Modern (et ses dérivés) et le système TEX en général avec lesquels fut réalisé cet ouvrage.

L'auteur est une nouvelle fois reconnaissant à l'endroit des personnes ayant accepté de participer à la relecture de ce travail. Il reste bien entendu seul responsable d'éventuelles erreurs et solécismes.

Enfin, l'auteur tient à exprimer sa gratitude envers le Pôle de recherches linguistiques (*Center for Language Studies*) de l'université de Kanagawa pour son soutien quant à la publication de ce travail.

Table des figures

Table des figures

Liste des tableaux

Table des matières

Précédemment membre de la faculté des sciences de l'université de Kanagawa au Japon, Antoine Bossard est désormais professeur de sa faculté d'informatique nouvellement créée. Il est par ailleurs membre de son Pôle de recherches linguistiques (*Center for Language Studies*). Il est diplômé de l'université de Caen Basse-Normandie (licence et master en 2005 et 2007) et de l'université d'agriculture et de technologie de Tôkyô (doctorat en 2011). Ses recherches se concentrent sur la théorie des graphes, notamment appliquée aux réseaux de processeurs, et l'informatique théorique en général. Il s'intéresse également à l'application de ces recherches informatiques aux systèmes d'écriture, en particulier aux caractères chinois. Il est l'auteur du livre *Chinese characters, deciphered* (Yokohama, Kanagawa University Press, 2018) dans lequel il présente ces caractères d'un point de vue logique, et d'une traduction commentée de la première partie du dictionnaire annamite–latin (Frederiksnagore, 1838) de Monseigneur Jean-Louis Taberd (Tôkyô, Maruzen Planet, 2022). Il a aussi collaboré avec Francis Brassard à la traduction française de la *Theoria philosophiæ naturalis redacta ad unicam legem virium in natura existentium* (Venise, 1763) du père jésuite Roger Joseph Boscovich (en cours d'édition).

« fin »

Antoine Bossard（ボサール・アントワーヌ）神奈川大学情報学部計算機科学科教授。フランス生まれ。2007年、(仏)国立カン大学大学院理学研究科数理情報学専攻博士前期課程修了。2007年、来日。2011年、東京農工大学大学院工学府電子情報工学専攻博士後期課程修了。博士（工学）。2011年、東京農工大学大学院生物システム応用科学府特任助教。2012年、産業技術大学院大学情報アーキテクチャ専攻助教。2015年、神奈川大学理学部情報科学科助教。2017年、准教授に昇任、2023年から現職。専門分野は主にグラフ理論、特に相互結合網への応用、および計算機システムによる情報（文字など）の表現と処理。著書に、漢字を論理的に体系化した「Chinese Characters, Deciphered」（2018年、神奈川大学出版会）がある。また、パリ外国宣教会のJean-Louis Taberd司教による1838年の喃（チュノム）・ラテン語辞書の当時のベトナム語の解説の注釈付翻訳（「Traduction commentée de la première partie du *Dictionarium anamitico–latinum*」、2022年、神奈川大学言語学研究叢書11）がある。

神奈川大学言語学研究叢書12

DE LA DÉFINITION D'UNE FONCTION INJECTIVE DE L'ENSEMBLE DES CARACTÈRES CHINOIS DANS ℕ

2024年2月27日初版発行

著作者　Antoine Bossard　© 2024

発行所　丸善プラネット株式会社
〒101-0051
東京都千代田区神田神保町2-17
電話（03）3512-8516
https://maruzenplanet.hondana.jp/

発売所　丸善出版株式会社
〒101-0051
東京都千代田区神田神保町2-17
電話（03）3512-3256
https://www.maruzen-publishing.co.jp/

印刷・製本　三美印刷株式会社

ISBN978-4-86345-556-6 C3080　　Printed in Japan